Die
Wahl der Arbeiterausschüsse und der Angestelltenausschüsse

nach § 11 des Gesetzes über den vaterländischen Hilfsdienst vom 5. Dezember 1916 in Preußen und denjenigen Bundesstaaten, deren Ausführungsbestimmungen mit den preußischen übereinstimmen
(vgl. Seite 7 Anm. 2)

Gemeinverständliche Erläuterung

von

Dr. **Hermann Schulz**
Kaiserlichem Regierungsrat
Ständigem Mitglied des Reichsversicherungsamts

Springer-Verlag Berlin Heidelberg GmbH 1917

ISBN 978-3-662-32257-4 ISBN 978-3-662-33084-5 (eBook)
DOI 10.1007/978-3-662-33084-5

Inhaltsverzeichnis.

Abkürzungen und allgemeine Bemerkungen.

1. Wo in dieser Schrift vom „Gesetz" gesprochen wird, ist damit das Gesetz über den vaterländischen Hilfsdienst vom 5. Dez. 1916 (abgedruckt S. 53 ff.) gemeint.

2. Obwohl die Wahlordnung einen Bestandteil der gemäß § 11 des Gesetzes von dem Königlich Preußischen Minister für Handel und Gewerbe am 22. Januar 1917 erlassenen „näheren Bestimmungen" bildet, wird in nachstehendem der Kürze wegen zwischen „Ausführungsbestimmungen" und „Wahlordnung" unterschieden.

3. Soweit in der Wahlordnung und in den Erläuterungen Paragraphen ohne entsprechenden Zusatz angeführt sind (z. B. die Anführung „(§ 13 Abs. 1)" im § 6 Abs. 1 der Wahlordnung), sind Paragraphen der Wahlordnung gemeint.

4. Die in der Wahlordnung und in den Mustern eingeklammerten Worte „des Wahlvorstandes", „der Vorsitzende des Wahlvorstandes" usw. (vgl. z. B. § 5 Satz 3, § 6 Abs. 1) gelten nur für den Fall, daß die Wahl nicht vom Betriebsunternehmer oder seinem Bevollmächtigten allein, sondern von einem Wahlvorstande geleitet wird.

5. Es bedeutet:

A.N. = Amtliche Nachrichten des Reichsversicherungsamts.
Ausf.Best. = Ausführungsbestimmungen.
Gew.O. = Gewerbeordnung.
R.V.A. = Reichsversicherungsamt.
R.G.Bl. = Reichsgesetzblatt.

Einleitung.

Die Pflicht zur Arbeit im vaterländischen Hilfsdienst bedeutet, wenn sie auch in der überwiegenden Mehrzahl der Fälle freiwillig übernommen wird, eine wesentliche Beschränkung der persönlichen Freiheit. Im Hilfsdienst tätige Personen sind zum beliebigen Wechsel des Arbeitgebers nicht berechtigt und damit in der Erlangung besserer Lohn- und Arbeitsbedingungen behindert. Zum Ausgleich dieses Nachteils ordnet § 11 des Gesetzes über den vaterländischen Hilfsdienst vom 5. Dezember 1916 (abgedruckt S. 53 ff.)[1][2] an, daß in den für diesen Dienst tätigen Betrieben, für die Titel VII der Gewerbeordnung gilt (vgl. S. 8, 9), und in denen in der Regel mindestens 50 Arbeiter oder nach dem Versicherungsgesetze für Angestellte versicherungspflichtige Angestellte beschäftigt werden (vgl. S. 9—11), ständige Arbeiter- oder Angestelltenausschüsse bestehen müssen. Diesen Ausschüssen liegt ob, das gute Einvernehmen innerhalb der Arbeiterschaft des Betriebs und zwischen der Arbeiterschaft und dem Arbeitgeber zu fördern. Sie haben Anträge, Wünsche und Beschwerden der Arbeiterschaft, die sich auf die Betriebseinrichtungen, die Lohn- und sonstigen Arbeitsverhältnisse des Betriebs und seiner Wohlfahrtseinrichtungen beziehen, zur Kenntnis des Unternehmers zu bringen und sich darüber zu äußern (§ 12 des Ges.). Bei Streit

---

[1]) **Materialien des Gesetzes:** Reichstag 1914/16. Entwurf Drucks. Nr. 509, 560. Erste Lesung: Sten.Ber. S. 2156 bis 2195; zweite Lesung: Sten.Ber. S. 2198 bis 2277; dritte Lesung: Sten.Ber. S. 2286 bis 2327.

[2]) **An Ausführungsbestimmungen des Bundesrats** zu diesem Gesetze sind bisher ergangen:

a) die Bek., betr. Bestimmungen zur Ausführung des Gesetzes, vom 21. 12. 1916 (RGBl. S. 1411),
b) die Bek., betr. Bestimmungen zur Ausführung des Gesetzes, vom 30. 1. 1917 (RGBl. S. 85),
c) die Verordnung über Versicherung der im vaterländischen Hilfsdienst Beschäftigten vom 24. 2. 1917 (RGBl. S. 171),
d) die Bek., betr. Bestimmungen zur Ausführung des § 7 des Gesetzes vom 1. 3. 1917 (RGBl. S. 202).

über die Lohn- oder sonstigen Arbeitsbedingungen kann der Ausschuß gemeinschaftlich mit dem Arbeitgeber eine der bereits eingerichteten Schlichtungsstellen, also Gewerbegericht, Berggewerbegericht, Einigungsamt einer Innung oder Kaufmannsgericht (§§ 62 bis 74, 82, 84 Gewerbegerichtsgesetz, § 81a Ziffer 4, § 81 b Abs. 1 Ziffer 4 Gew.O., § 17 Kaufmannsgerichtsgesetz), nach der durch die Art des Betriebs oder die Berufsstellung der Arbeitnehmer gegebenen Zuständigkeit, oder auch eine auf freier Vereinbarung beruhende Schlichtungsstelle (Lohnkommission, Tarifausschüsse) als Einigungsamt anrufen. Oder es kann sich jeder Teil, also sowohl der Ausschuß wie der Arbeitgeber, zur Schlichtung der Streitigkeit an den Ausschuß wenden, der nach § 9 Abs. 2 des Gesetzes in der Regel für jeden Bezirk einer Ersatzkommission gebildet ist.

Schon die Gewerbeordnung und das preußische Allgemeine Berggesetz sahen Arbeiterausschüsse vor. Obligatorisch waren sie zum Teil im Rahmen des Berggesetzes angeordnet, während die Gewerbeordnung die Einrichtung nur bei freier Zustimmung der Arbeitgeber und Arbeitnehmer zuließ. Auf Grund dieser Vorschriften bereits eingerichtete Arbeiterausschüsse übernehmen ohne weiteres die den Arbeiterausschüssen durch das Hilfsdienstgesetz übertragenen Aufgaben (vgl. S. 16). Soweit solche Arbeiterausschüsse in Betrieben, die jetzt Arbeiterausschüsse haben müssen, nicht bestehen, sind sie einzurichten. Ältere etwa freiwillig vom Unternehmer eingerichtete Angestelltenausschüsse können die Funktionen der jetzt angeordneten Angestelltenausschüsse nicht übernehmen.

Für den Fall, daß in einem für den vaterländischen Hilfsdienst tätigen Betriebe, für den Titel VII der Gew.O. gilt (S. 8, 9) ein ständiger Arbeiterausschuß weder nach der Gewerbeordnung oder dem Berggesetz noch nach § 11 des Gesetzes über den vaterländischen Hilfsdienst besteht (vgl. S. 11 Anm. 7), gilt § 13 Abs. 2 dieses Gesetzes (S. 56).

Die neu zu errichtenden Arbeiter- und Angestelltenausschüsse sind von den volljährigen Arbeitern oder Angestellten des Betriebs oder der Betriebsabteilungen aus ihrer Mitte in unmittelbarer und geheimer Wahl nach den Grundsätzen der Verhältniswahl zu wählen. Die Verhältniswahl ist vorgeschrieben, „um alle Gruppen und Organisationen und auch diejenigen, die von dem Rechte, sich zu koalieren, keinen Gebrauch machen, in den Ausschüssen zu ihrem Rechte kommen zu lassen" (Sten.Ber. 2251 C). Das Nähere über Tätigkeit der Ausschüsse und ihre Wahl bestimmen die Landeszentralbehörden. Diese Bestimmungen sind für Preußen vom Minister für Handel und Gewerbe am 22. Jan. 1917 (Ministerialblatt der Handels- und Gewerbeverwaltung 1917 S. 32 ff.) erlassen worden[1]). Danach liegt die Leitung der Wahlen in erster Linie den Betriebsunternehmern oder ihren Bevollmächtigten ob. Um ihnen die Durchführung des in Preußen noch wenig bekannten Verhältniswahlverfahrens zu erleichtern und um auch die Wahlberechtigten über alle mit der Wahl zusammenhängenden Fragen zu unterrichten, erschien es dem Verfasser, der an dem Entwurfe der vorliegenden Wahlordnung beteiligt gewesen ist, nützlich, an Hand der Ausführungsbestimmungen und der Wahlordnung[2]) eine Reihe von Punkten zu erörtern, über die Zweifel geäußert werden könnten oder bereits geäußert worden sind. Der Verfasser hofft, daß diese Schrift auch den zur Entscheidung über Wahlanfechtungen berufenen Stellen ihre Aufgabe erleichtern wird.

Bei Abfassung dieser Erörterungen hat Herr Felsch, Expedierender Sekretär und Kalkulator im Reichsversicherungsamte, den Verfasser wesentlich unterstützt.

---

[1]) Für die industriellen Betriebe der Heeres- und Marineverwaltung sind durch die zuständigen Dienstbehörden Vorschriften im Sinne der §§ 11 bis 13 des Gesetzes zu erlassen (§ 15 des Gesetzes).

[2]) Soweit die Bundesstaaten mit den preußischen übereinstimmende Bestimmungen zu § 11 des Hilfsdienstgesetzes erlassen haben (bis zum Erscheinen dieser Schrift sind dies: Mecklenburg-Schwerin, Mecklenburg-Strelitz, Oldenburg mit Birkenfeld, Coburg, Schaumburg-Lippe), werden die Erläuterungen auch dort benutzt werden können.

A. Bestimmungen

über die Errichtung von Arbeiterausschüssen und von Angestelltenausschüssen [1] [8].

Gemäß § 11 des Reichsgesetzes über den vaterländischen Hilfsdienst vom 5. Dezember 1916 (S. 53ff.) wird wegen Errichtung ständiger Arbeiterausschüsse und besonderer Ausschüsse für die Angestellten (Angestelltenausschüsse) in den für den vaterländischen Hilfsdienst tätigen Betrieben [6], für die Titel VII der Gewerbeordnung gilt [1] [2] und in denen in der Regel mindestens 50 Arbeiter [3] [6] oder in denen mehr als 50 [5] nach dem Versicherungsgesetze für Angestellte versicherungspflichtige Angestellte [4] [6] beschäftigt werden [7] [8], folgendes bestimmt:

1) **Titel VII der Gewerbeordnung** gilt mit der aus den §§ 154, 154 a und 155 der Gewerbeordnung sich ergebenden Maßgabe für die unter § 1 der Gewerbeordnung fallenden Betriebe, im wesentlichen also für Betriebe, die für Rechnung natürlicher oder juristischer Personen zum Zwecke der Gewinnerzielung betrieben werden. Hierzu gehören auch die fabrikartigen technischen Reichs-, Staats- und Kommunalbetriebe. Nicht unter die Gewerbeordnung fallen und daher nicht zur Errichtung von Ausschüssen verpflichtet sind insbesondere die land- und forstwirtschaftlichen Betriebe, die Jagd- und Fischereibetriebe und die dazu gehörigen land- und forstwirtschaftlichen Nebenbetriebe, die Gärtnerei, soweit sie feldmäßig (nicht als „Kunst- und Handelsgärtnerei") betrieben wird, sowie Eisenbahnunternehmungen. Das Bergwesen sowie die Salinen und Aufbereitungsanstalten und die unterirdisch betriebenen Brüche und Gruben fallen an sich nicht unter die Gewerbeordnung. Allein zahlreiche Vorschriften des Titels VII sind auf die in diesen Betrieben beschäftigten Arbeiter anzuwenden, so daß Titel VII als für solche Betriebe geltend anzusehen ist (§ 154a der Gew.O.). Hiervon ist man auch bei der Beratung des Hilfsdienstgesetzes ausgegangen. Demgemäß dürfte grundsätzlich anzuerkennen sein, daß § 11 des Gesetzes auf alle für den vaterländischen Hilfsdienst tätigen Betriebe anzuwenden ist, für die wenigstens teilweise Vorschriften des Titels VII (§§ 105 bis 139m) der Gew.O. über die Beschäftigung von Arbeitern gelten (ähnl. v. Schulz, „Das Gesetz über den vaterländischen Hilfsdienst" S. 81 Anm. 7 Abs. 1 Satz 3 zu § 11). Da Titel VII insbesondere auch für das Handelsgewerbe gilt, so kommt z. B. auch für Banken die Errichtung von Angestelltenausschüssen in Frage. Für

Apotheken gilt Titel VII nur hinsichtlich der Beschäftigung von Arbeitern (§ 154 Abs. 1 Nr. 1).

Unter die Gew.O. fallen ferner überhaupt nicht: Die Errichtung und Verlegung von Apotheken, die Erziehung von Kindern gegen Entgelt, das Unterrichtswesen, die advokatorische und Notariatstätigkeit, der Gewerbebetrieb der Auswanderungsunternehmer und Auswanderungsagenten, der Versicherungsunternehmer, die Befugnis zum Halten öffentlicher Fähren und die Rechtsverhältnisse der Schiffsmannschaften auf Seeschiffen (§ 6 der Gew.O.). Auf die Ausübung der Heilkunde, den Verkauf von Arzneimitteln, den Vertrieb von Lotterielosen (§ 6 a. a. O.) finden einige Vorschriften des VII. Titels Anwendung; diese Vorschriften haben aber mit der Beschäftigung von Arbeitern nichts zu tun und vermögen daher die Anwendung des § 11 des Hilfsdienstgesetzes nicht zu rechtfertigen. Für die Viehzucht (§ 6 der Gew.O.) gilt keine Vorschrift des Titels VII.

Über die Frage, ob ein Betrieb für den vaterländischen Hilfsdienst Bedeutung hat, entscheidet gemäß § 4 Abs. 2 des Gesetzes der dort bezeichnete Ausschuß. Darüber, ob für einen unter § 2 des Gesetzes fallenden Betrieb ein Arbeiter-(Angestellten-)Ausschuß zu wählen ist, entscheidet in Preußen gemäß § 8 der Ausführungsbestimmungen in Streitfällen der Gewerbeinspektor oder Bergrevierbeamte und auf Beschwerde endgültig der Regierungspräsident (im Landespolizeibezirke Berlin der Polizeipräsident) oder das Oberbergamt.

Für die industriellen Betriebe der Heeres- und Marineverwaltung sind nach § 15 des Gesetzes durch die zuständigen Dienstbehörden Vorschriften im Sinne der §§ 11 bis 13 des Gesetzes zu erlassen.

2) **Über die Grenzen des Deutschen Reichs hinaus** erstreckt sich das Geltungsgebiet der Gewerbeordnung nicht; für Betriebe im besetzten Feindeslande sind daher Arbeiter- oder Angestelltenausschüsse nicht vorgeschrieben.

3) Als **Arbeiter** im Sinne des § 11 des Gesetzes werden die gewerblichen Arbeiter und Arbeiterinnen im Sinne des Titels VII der Gew.O. anzusehen sein, d. h. alle Personen, die in einem gewerblichen Unternehmen auf Grund eines Vertragsverhältnisses als Gesellen, Gehilfen, Lehrlinge, Betriebsbeamte, Werkmeister, Techniker, Fabrikarbeiter oder in ähnlicher Stellung für die Zwecke des Gewerbebetriebs beschäftigt werden (vgl. Landmann, „Kommentar zur Gewerbeordnung" Bd. II S. 209 Anm. 6 Abs. 2), soweit die Vorschriften des Titels VII für sie wenigstens teilweise gelten (§§ 154, 154a, 105i der Gew.O.) und soweit sie nicht der Versicherungspflicht nach dem Versicherungsgesetze für Angestellte unterliegen (vgl. Abs. 3 der Bekanntmachung der Königlich Bayerischen Staatsministerien des Königlichen Hauses und des Äußern vom 8. Januar 1917, S. 33 der Kriegsbeilage 1917 Nr. 1 zum Amtsblatt der Königlich Bayerischen Staatsministerien des Königlichen Hauses und des Äußern und des Innern).

4) **Angestellte** im Sinne des § 11 des Gesetzes sind nur Angestellte, die nach § 1 des Versicherungsgesetzes für Angestellte (RGBl. 1911 S. 989) versicherungspflichtig sind (vgl. Mentzel-Schulz-Sitzler, Kommentar zu diesem Gesetze S. 19 ff). Damit sind insbesondere

alle Angestellten ausgeschieden, deren Jahresverdienst 5000 ℳ übersteigt. Eine Berücksichtigung der verschiedenen Arten von Angestellten (der kaufmännischen Angestellten, der Bureauangestellten, der Techniker) hätte in der Wahlordnung angeordnet werden können. Doch dürfte sich die Vertretung dieser Arten im Ausschuß schon aus der Verhältniswahl ergeben (vgl. S. 6, 11, 17, 25).

§ 1 des Versicherungsgesetzes für Angestellte lautet:

„Für den Fall der Berufsunfähigkeit (§ 25) und des Alters sowie zu Gunsten der Hinterbliebenen werden vom vollendeten sechzehnten Lebensjahr an nach den Vorschriften dieses Gesetzes versichert

1. Angestellte in leitender Stellung, wenn diese Beschäftigung ihren Hauptberuf bildet,
2. Betriebsbeamte, Werkmeister und andere Angestellte in einer ähnlich gehobenen oder höheren Stellung ohne Rücksicht auf ihre Vorbildung, Bureauangestellte, soweit sie nicht mit niederen oder lediglich mechanischen Dienstleistungen beschäftigt werden, sämtlich, wenn diese Beschäftigung ihren Hauptberuf bildet,
3. Handlungsgehilfen und Gehilfen in Apotheken,
4. Bühnen- und Orchestermitglieder ohne Rücksicht auf den Kunstwert der Leistungen,
5. Lehrer und Erzieher,
6. aus der Schiffsbesatzung deutscher Seefahrzeuge und aus der Besatzung von Fahrzeugen der Binnenschiffahrt Kapitäne, Offiziere des Decks- und Maschinendienstes, Verwalter und Verwaltungsassistenten sowie die in einer ähnlich gehobenen oder höheren Stellung befindlichen Angestellten ohne Rücksicht auf ihre Vorbildung, sämtlich, wenn diese Beschäftigung ihren Hauptberuf bildet.

Als deutsches Seefahrzeug gilt jedes Fahrzeug, das unter deutscher Flagge fährt und ausschließlich oder vorzugsweise zur Seefahrt benutzt wird.

Voraussetzung der Versicherung ist für alle diese Personen, daß sie nicht berufsunfähig (§ 25) sind, daß sie gegen Entgelt (§ 2) als Angestellte beschäftigt werden, daß ihr Jahresverdienst fünftausend Mark nicht übersteigt, und daß sie beim Eintritt in die versicherungspflichtige Beschäftigung das Alter von sechzig Jahren noch nicht vollendet haben."

5) **Mehr als 50.** Nach der Fassung des § 11 Abs. 3 des Gesetzes („nach denselben Grundsätzen") und nach der Entstehungsgeschichte dieser Vorschrift (vgl. Reichstagsverhandlungen S. 2265, 2266, 2302, 2303, 2304 A) ist trotz der durch die Gegenüberstellung in der Einleitung der preußischen Ausführungsbestimmungen noch hervorgehobenen abweichenden Fassung nicht anzunehmen, daß im Gegensatze zu den für die Errichtung von Arbeiterausschüssen maßgebenden Vorschriften im Abs. 1 des § 11 des Gesetzes Angestelltenausschüsse noch nicht zu errichten sind für Betriebe, in denen „in der Regel mindestens 50" versicherungspflichtige Angestellte beschäftigt sind, sondern erst dann, wenn mehr als 50, also wenigstens 51 Angestellte beschäftigt werden.

6) **Betriebe, die erst später die Eigenschaft eines solchen im Sinne des vaterländischen Hilfsdienstes erlangen** oder erst später

regelmäßig mindestens 50 Arbeiter oder Angestellte beschäftigen, haben mit Eintritt der entscheidenden Veränderung Arbeiter- oder Angestellten-ausschüsse zu errichten (vgl. Sachsen-Altenburgische Gesetz-Sammlung 1916 S. 188, Verordnung v. 30. Dez. 1916).

7) **Auch bei Beschäftigung einer geringeren als der bezeichneten Zahl** von Arbeitern oder Angestellten können Arbeiter- oder Angestellten-ausschüsse errichtet werden, soweit dies noch mit dem Zwecke der Errichtung von Ausschüssen und den Grundsätzen der Verhältniswahl (vgl. § 1 der Ausf.-Bestimmungen Anm. 1) in Einklang zu bringen ist. Solchen freiwillig gebildeten Ausschüssen werden die gleichen Rechte zugestanden werden müssen, wie den unter dem Zwange des Gesetzes errichteten, wenn sie nach den Bestimmungen der Wahlordnung gewählt sind. Das wird dann anzunehmen sein, wenn die unter Zugrundelegung der Wahlordnung vollzogene Wahl nicht oder vergeblich angefochten worden ist. Der Entscheidung eines Streites über die Wahl werden sich die nach § 8 der Ausführungsbestimmungen berufenen Stellen zu unterziehen haben. Wird auf das freiwillig erlassene Wahlausschreiben (§ 6 der Wahlordnung) eine gültige Vorschlagsliste (§§ 8 bis 10 der Wahlordnung) nicht eingereicht, so wird allerdings § 11 Abs. 1 der Wahlordnung nicht angewendet werden, eine Berufung des Ausschusses also nicht erfolgen dürfen.

8) **Besteht kein Ausschuß** nach der Gew.O., den Berggesetzen oder nach § 11 Abs. 2 des Ges. (wegen der freiwilligen Errichtung vgl. Anm. 7), so gilt § 13 Abs. 2 des Gesetzes.

§ 1.

Die Ausschüsse sind vom Betriebsunternehmer entweder für den gesamten Betrieb oder für die einzelnen Betriebsabteilungen [1]) zu errichten [2]). Jedenfalls müssen alle Arbeiter oder Angestellten des Betriebs durch einen Ausschuß vertreten sein.

1) **Sind in allen Betriebsabteilungen zusammen** regelmäßig mindestens 50 Arbeiter oder nach dem Versicherungsgesetze für Angestellte versicherungspflichtige Angestellte beschäftigt, so muß wenigstens ein Ausschuß bestehen. Für einzelne Betriebsabteilungen wird ein ständiger Arbeiterausschuß oder ein Angestelltenausschuß schon dann errichtet werden können, wenn die Zahl der in den einzelnen Abteilungen Beschäftigten hinter der oben angegebenen Mindestzahl zurückbleibt. Auch beim Vorhandensein mehrerer Betriebsabteilungen wird aber von der Wahl besonderer Ausschüsse abzusehen sein, wenn die Zahl der Wähler zu klein sein würde, um noch ein Verhältniswahlverfahren angemessen durchführen zu können; zur Wahl von 5 Ausschußmitgliedern und der 10 Ersatzmänner werden zweckmäßig in der Regel mindestens 30 Wähler zu fordern sein. Eine Verhältniswahl bei 20 Wählern hat der Abgeordnete Stresemann bei den Verhandlungen im Reichstag (Sten.-Ber. 2252 A) wenigstens für Ausschüsse der regelmäßig verschiedene Kategorien bildenden Angestellten im Hinblick auf die Möglichkeit der Einreichung von Listen jeder der Kategorien abgelehnt.

Ist die Zahl der Wähler einer Betriebsabteilung zu klein, um eine besondere Wahl vorzunehmen, so wird es erforderlich sein, mehrere Betriebsabteilungen zusammen wählen zu lassen. Über alle diese Fragen, insbesondere auch darüber, ob die Zahl der in einem Betriebe beschäftigten Arbeiter oder Angestellten die im § 11 Abs. 1 und 3 des Gesetzes vorgesehene Mindestzahl erreicht, entscheidet in Streitfällen der Gewerbeinspektor oder Bergrevierbeamte (§ 8 der Ausführungsbestimmungen).

2) **Betriebsunternehmer, welche die Errichtung von Ausschüssen pflichtwidrig unterlassen,** können vom Bundesrat und, solange das nicht geschehen ist, von der Landeszentralbehörde mit Strafe bedroht werden (§ 19 Abs. 1, 4, § 11 Abs. 2 Satz 3 des Gesetzes).

§ 2.

Die Ausschüsse bestehen bei einer Anzahl bis zu 250 Arbeitern oder 250 Angestellten aus mindestens[1]) 5 Mitgliedern. Für je 50 weitere Arbeiter oder Angestellte bis zur Zahl von 500 erhöht sich die Zahl der Mitglieder der Ausschüsse um mindestens[1]) eins. Bei mehr als 500 Arbeitern oder Angestellten müssen die Ausschüsse aus mindestens[1]) 10 Mitgliedern bestehen.

Außerdem sind Ersatzmänner in der doppelten Zahl der Mitglieder zu wählen[2]).

1) **Das Wort „mindestens"** drückt aus, daß auch mehr Mitglieder gewählt werden können. Wer darüber zu entscheiden hat, ist nicht gesagt (vgl. auch § 1 Abs. 1 der Wahlordnung). Man wird im Hinblick auf die Stellung, die § 5 der Ausführungsbestimmungen und § 4 Abs. 2 der Wahlordnung dem Betriebsunternehmer einräumen, annehmen müssen, daß hierzu der Betriebsunternehmer befugt ist. Unangemessene Festsetzungen hat bei Streit der Gewerbeinspektor oder Bergrevierbeamte (§ 8 der Ausführungsbestimmungen) entsprechend zu ändern. Insbesondere muß die Zahl der Ausschußmitglieder und ihrer Ersatzmänner zur Zahl der Wähler noch in einem angemessenen Verhältnis stehen (vgl. S. 11 Anm. 1). Auch darf der Ausschuß nicht so groß sein, daß dadurch seine Verhandlungsfähigkeit beeinträchtigt würde.

2) **Die Eigenart der Verhältniswahl bringt es mit sich, daß nicht für jedes Ausschußmitglied ein bestimmter Ersatzmann gewählt wird,** sondern daß lediglich Ersatzmänner im ganzen in der erforderlichen Zahl gewählt werden, die im Falle des endgültigen Ausscheidens eines Mitglieds einzutreten haben und aus denen bei zeitweiliger Behinderung eines Mitglieds die Stellvertreter zu entnehmen sind (§ 4 Abs. 1 der Ausführungsbestimmungen, § 27 der Wahlordnung).

§ 3.

Die Wahl erfolgt nach anliegender Wahlordnung.

Wahlberechtigt und wählbar[1-6]) sind die volljährigen Arbeiter[1]) oder versicherungspflichtigen Angestellten[2]) des Betriebs oder der Betriebsabteilung ohne Unterschied des Geschlechts, soweit sie die deutsche Reichsangehörigkeit besitzen.

1) **Zum Arbeiterausschuß wahlberechtigt und wählbar** sind nur Arbeiter im Sinne der Anm. 3 S. 9, also nicht auch solche Arbeiter im Sinne des Titels VII der Gewerbeordnung, welche der Versicherungspflicht nach dem Versicherungsgesetze für Angestellte unterliegen (vgl. S. 9 Anm. 3), also z. B. nicht Werkmeister.

2. **Zum Angestelltenausschuß wahlberechtigt und wählbar** sind nur nach dem Versicherungsgesetze für Angestellte versicherungspflichtige Angestellte (S. 9 Anm. 4).

3) **Beschäftigung außerhalb des Reichsgebiets** schließt die Wahlberechtigung und Wählbarkeit des Arbeiters oder Angestellten nicht aus (vgl. § 21 der Wahlordnung).

4) **Auch Arbeiterinnen und weibliche Angestellte** besitzen das aktive und passive Wahlrecht, obwohl sie nicht unter das Hilfsdienstgesetz fallen. Die Volljährigkeit wird mit Zurücklegung des 21. Lebensjahrs oder mit der Volljährigkeitserklärung erlangt (§§ 2 bis 5 des Bürgerlichen Gesetzbuchs). Weder wahlberechtigt noch wählbar sind Ausländer, also z. B. Belgier, Polen und auch Personen österreichungarischer Staatsangehörigkeit.

5) **Gegen Benachteiligung bei Ausübung des Wahlrechts** von seiten des Arbeitgebers oder seines Vertreters sind die Wähler durch § 13 der auf Grund des § 19 des Gesetzes erlassenen Verordnung des Bundesrats vom 30. Januar 1917 (R.G.Bl. 1917 S. 85) geschützt, welcher lautet:

„Den Arbeitgebern und ihren Vertretern ist untersagt, die Arbeiter oder die nach dem Versicherungsgesetze für Angestellte versicherungspflichtigen Angestellten ihres Betriebs in der Ausübung des Wahlrechts bei den nach § 11 Abs. 2, 3 des Gesetzes vorzunehmenden Wahlen zu den Arbeiterausschüssen oder den Angestelltenausschüssen oder in der Übernahme oder Ausübung der Tätigkeit als Mitglied eines solchen Ausschusses zu beschränken oder sie wegen der Übernahme oder der Art der Ausübung zu benachteiligen.

Arbeitgeber oder ihre Vertreter, die dagegen verstoßen, werden mit Geldstrafe bis zu dreihundert Mark oder mit Haft bestraft."

6) **Eine gesetzliche Verpflichtung zur Übernahme des Amtes eines Ausschußmitglieds** oder Ersatzmanns besteht nicht (vgl. § 22 der Wahlordnung).

§ 4.

Scheidet ein Mitglied eines Ausschusses aus der Beschäftigung im Betrieb oder in der Betriebsabteilung aus, so verliert es dadurch auch die Mitgliedschaft im Ausschuß. An die Stelle der ausgeschiedenen und der zeitweilig verhinderten Mitglieder treten die Ersatzmitglieder nach Maßgabe des § 27 der Wahlordnung.

Sobald die Gesamtzahl der heranziehbaren Ausschußmitglieder und Ersatzmänner unter die vorschriftsmäßige Zahl[1]) der Ausschußmitglieder sinkt, ist zu einer Neuwahl des ganzen Ausschusses zu schreiten [2]) [3]).

1) **„unter die vorschriftsmäßige Zahl“**, d. h. unter die sich aus § 2 Abs. 1 der Ausführungsbestimmungen ergebende Mindestzahl der Ausschußmitglieder.

2) **Ergänzungswahlen** für eine größere Anzahl Ausgeschiedener sind also nicht zugelassen. Ersatzwahlen für einzelne Ausgeschiedene sind bei Verhältniswahlen unmöglich (vgl. auch § 2 der Ausf.Best. Anm. 2; Schulz, „Die Wahl“, S. 64).

3) **Eine Wahlzeit** ist nicht vorgeschrieben, da das Gesetz über den vaterländischen Hilfsdienst nur von vorübergehender Bedeutung ist.

§ 5.

Der Betriebsunternehmer oder der von ihm bestellte Vertreter [1]) beruft den Ausschuß und leitet seine Verhandlungen. Er kann sich an den Erörterungen beteiligen; an den Abstimmungen [2]) nimmt er nicht teil.

1) Wie der **Betriebsunternehmer** oder sein gesetzlicher Vertreter oder der vom Betriebsunternehmer oder dessen gesetzlichem Vertreter bestellte Stellvertreter nach § 4 Abs. 2 der Wahlordnung die Wahl des Ausschusses leitet, so beruft und leitet er also auch den Ausschuß. Der Betriebsunternehmer kann auch eine Frau zu seinem Stellvertreter bestellen, wie ja auch Frauen selbst Betriebsunternehmer sein können.

2) **Wegen des Schutzes der Ausschußmitglieder gegen Benachteiligung** von seiten des Arbeitgebers oder seines Vertreters vgl. Anm. 5 zu § 3 der Ausführungsbestimmungen.

§ 6.

Zur Gültigkeit eines Beschlusses des Ausschusses ist die Ladung aller Mitglieder und nötigenfalls der erforderlichen Stellvertreter [1]) unter Mitteilung der Beratungsgegenstände sowie die Anwesenheit von mindestens der Hälfte der vorschriftsmäßigen Mitgliederzahl [2]) erforderlich. Die Beschlüsse werden durch Stimmenmehrheit der Erschienenen gefaßt.

1) Wegen der **Stellvertreter** vgl. § 4 Abs. 1 Satz 2 der Ausführungsbestimmungen, § 27 der Wahlordnung und Anm. 2 zu § 2 der Ausführungsbestimmungen.

2) Unter der **„vorschriftsmäßigen Mitgliederzahl“** ist die sich aus § 2 Abs. 1 der Ausführungsbestimmungen ergebende Mindestzahl der Ausschußmitglieder zu verstehen.

§ 7.

Über jede Beratung des Ausschusses ist eine Niederschrift aufzunehmen, die von dem Verhandlungsleiter und mindestens einem Ausschußmitgliede zu unterzeichnen ist.

§ 8.

Soweit nicht gemäß § 4 Abs. 2 des Gesetzes die Zuständigkeit des dort bezeichneten Ausschusses begründet ist[1]), entscheidet in Streitfällen[2])[4]) über die Einrichtung, Wahl, Zuständigkeit oder Geschäftsführung[4]) der Ausschüsse der Gewerbeinspektor[3]) oder Bergrevierbeamte[3]) und auf Beschwerde[3]) endgültig der Regierungspräsident (im Landespolizeibezirk Berlin der Polizeipräsident) oder das Oberbergamt.

1) **Über die Frage, ob ein Beruf oder Betrieb im Sinne des § 2 des Gesetzes Bedeutung** hat, entscheidet gemäß § 4 Abs. 2 des Gesetzes der dort bezeichnete Ausschuß.

2) **Zur Anfechtung der Wahl berechtigt** ist jeder, der an dem Ausgang der Wahl ein rechtliches Interesse hat. Zur Anfechtung befugt ist also jeder Wahlberechtigte, aber auch der Betriebsunternehmer. Die Beschwerde kann nur einlegen, wer von der erlassenen Entscheidung unmittelbar betroffen wird (Entsch. des Königlich Sächsischen Landesversicherungsamts vom 31. Jan. 1914, Grundsätzl. Entsch. dieses Amtes Bd. I S. 85). Beschwerdeberechtigt ist daher stets auch der Arbeitgeber. — Mit dem Ausscheiden des Wahlberechtigten aus dem Betrieb oder der Betriebsabteilung entfällt sein Anfechtungsrecht.

3) **Der Gewerbeinspektor oder der Bergrevierbeamte** ist zuständig, je nachdem diesem oder jenem die Aufsicht über den Betrieb zusteht. Gegen Entscheidungen des Gewerbeinspektors geht die Beschwerde an den Regierungspräsidenten, gegen Entscheidungen des Bergrevierbeamten an das Oberbergamt.

4) Der **Schutz der Wahlberechtigten und der Ausschußmitglieder** (vgl. Anm. 5 zu § 3 der Ausführungsbestimmungen) bezieht sich auch auf das Wahlanfechtungsverfahren und die Geschäftsführung.

§ 9.

Auf Arbeiterausschüsse, die schon am 6. Dezember 1916 auf Grund des § 134h der Gewerbeordnung oder auf Grund der Berggesetze bestanden[1]), finden die vorstehenden Vorschriften keine Anwendung. Ihre Mitglieder sind bei Ergänzungswahlen nach den Bestimmungen für diese Ausschüsse, nicht nach § 11 des Gesetzes über den vaterländischen Hilfsdienst zu bestellen[1]).

1) Gemäß § 11 Abs. 2 des Gesetzes sind ständige Arbeiterausschüsse nur insoweit zu wählen, als sie nicht bereits nach § 134h der Gewerbeordnung oder nach den Berggesetzen bestehen.

Nach § 134d Abs. 1 der Gewerbeordnung sind vor dem Erlasse der Arbeitsordnung (§§ 134a, 134b, 134c) oder eines Nachtrags hierzu die im Betrieb oder in den betreffenden Betriebsabteilungen beschäftigten großjährigen Arbeiter zu hören. Für Betriebe, für welche ein ständiger Arbeiterausschuß besteht, wird dieser Vorschrift durch Anhörung des Ausschusses über den Inhalt der Arbeitsordnung genügt (§ 134d Abs. 2). Mit Zustimmung eines ständigen Arbeiterausschusses (§ 134h) können in die Arbeitsordnung Vorschriften über das Verhalten der Arbeiter bei Benutzung der zu ihrem Besten mit dem Betriebe verbundenen Einrichtungen sowie Vorschriften über das Verhalten minderjähriger Arbeiter außerhalb des Betriebs aufgenommen werden (§ 134b Abs. 3 Satz 2).

§ 134h der Gewerbeordnung lautet:

„Als ständige Arbeiterausschüsse im Sinne des § 134b Abs. 3 und des § 134d gelten nur:

1. diejenigen Vorstände der Betriebs-(Fabrik-)Krankenkassen oder anderer für die Arbeiter des Betriebs bestehender Kasseneinrichtungen, deren Mitglieder in ihrer Mehrheit von den Arbeitern aus ihrer Mitte zu wählen sind, sofern sie als ständige Arbeiterausschüsse bestellt werden;
2. die Knappschaftsältesten von Knappschaftsvereinen, welche die nicht den Bestimmungen der Berggesetze unterstehenden Betriebe eines Unternehmers umfassen, sofern sie als ständige Arbeiterausschüsse bestellt werden;
3. die bereits vor dem 1. Januar 1891 errichteten ständigen Arbeiterausschüsse, deren Mitglieder in ihrer Mehrzahl von den Arbeitern aus ihrer Mitte gewählt werden;
4. solche Vertretungen, deren Mitglieder in ihrer Mehrzahl von den volljährigen Arbeitern des Betriebs oder der betreffenden Betriebsabteilung aus ihrer Mitte in unmittelbarer und geheimer Wahl gewählt werden. Die Wahl der Vertreter kann auch nach Arbeiterklassen oder nach besonderen Abteilungen des Betriebs erfolgen."

Nach § 80f des Berggesetzes in der Fassung des Gesetzes vom 28. Juli 1909 (Preuß. Ges.-Sammlung S. 677) muß in Preußen auf Steinkohlenbergwerken, auf unterirdisch betriebenen Braunkohlen- und Erzbergwerken sowie auf Kalisalzbergwerken oder auf selbständigen Betriebsanlagen dieser Art, wenn darauf in der Regel mindestens 100 Arbeiter beschäftigt werden, ein Arbeiterausschuß vorhanden sein. Die Wahlen sind unmittelbar und geheim; Verhältniswahl ist zulässig.

Die „Bestellung" des Vorstandes einer Krankenkasse oder eines Knappschaftsvereins oder einer anderen Kasseneinrichtung nach § 134h Nr. 1 und 2 der Gew.O. als ständiger Arbeiterausschuß kommt dem Arbeitgeber zu. Die Bestellung muß aber vor der am 6. Dezember 1916 erfolgten Verkündung des Gesetzes über den vaterländischen Hilfsdienst erfolgt sein, wenn von der Wahl eines Ausschusses nach § 11 Abs. 2 des Gesetzes abgesehen werden soll. Ein im Ministerialblatt der Handels- und Gewerbeverwaltung 1917 S. 45 abgedruckter Erlaß des Ministers für Handel und Gewerbe vom 16. Januar 1917 — III 239/I 310 — spricht sich hierüber, wie folgt, aus:

„Die Vorschrift im § 11 Abs. 2 Satz 2 und 3 des Gesetzes über den vaterländischen Hilfsdienst findet nur auf solche Arbeiterausschüsse keine Anwendung, die beim Inkrafttreten des Gesetzes, d. h. am 6. v. Mts., schon bestanden. Als Arbeiterausschüsse, die am 6. v. Mts. bestanden, können jedoch nur diejenigen gelten, die damals bereits gemäß § 134h der Gewerbeordnung oder §§ 80f, 80fd, 80fe und 80fs des Allgemeinen Berggesetzes in der Fassung der Novelle vom 28. Juli 1909 als solche bestellt oder errichtet waren, nicht aber auf Vorstände usw., die zwar nach § 134h Nr. 1 und 2 der Gewerbeordnung hätten als Arbeiterausschüsse bestellt werden können, bis zum 6. v. Mts. aber tatsächlich noch nicht als solche bestellt worden waren. Eine „Bestellung" aber wird nur dann als vorliegend anzuerkennen sein, wenn eine Mitteilung an den Kassenvorstand und an die übrigen Arbeiter der Fabrik ergangen war, daß der Kassenvorstand fortan die Aufgaben eines ständigen Arbeiterausschusses wahrnehmen sollte. Wurden nur gelegentlich mit dem Kassenvorstande Fragen besprochen, die für die gesamte Belegschaft des Werkes Bedeutung hatten, so liegt darin keine Bestellung des Kassenvorstandes zum Arbeiterausschuß."

Vorbemerkungen zur Wahlordnung.

In einer amtlichen Anmerkung zur Wahlordnung wird folgendes ausgeführt:

„Nach § 11 Abs. 2 des Gesetzes sind die Mitglieder dieser Ausschüsse in unmittelbarer und geheimer Wahl nach den Grundsätzen der Verhältniswahl zu wählen. Über die Grundsätze und die Durchführung einer solchen Wahl finden sich kurze Ausführungen in den Vorbemerkungen zu den Musterwahlordnungen für die Organe der Krankenkassen (Zentralblatt für das Deutsche Reich 1913 S. 259, 333). Ausführlichere Darlegungen finden sich z. B. in: Dr. Schulz, „Die Wahl, insbesondere die Verhältniswahl, in der sozialen Versicherung", Berlin 1913, Verlag von Franz Vahlen, geheftet 2 *M*; Dr. Schulz, „Die Ungültigkeit von Verhältniswahlen", Sonderabdruck aus der Monatsschrift für Arbeiter- und Angestelltenversicherung IV. Jahrgang, Heft 3, Berlin 1916, Verlag von Julius Springer, geheftet 1 *M*.

Einigen sich die Wahlberechtigten auf eine gemeinsame Vorschlagsliste (§ 11 Abs. 2 Satz 1), die sie entsprechend dem Stärkeverhältnis etwa vorhandener Gruppen aufstellen können, so werden alle Schwierigkeiten, die im Wesen der Verhältniswahl liegen, vermieden. Eine Stimmabgabe findet dann überhaupt nicht statt (§ 11 Abs. 2 bis 4)."

Über Zweck und Wesen der Verhältniswahl im allgemeinen und über das im vorliegenden Falle zur Anwendung kommende Verfahren sei noch folgendes bemerkt:

Während bei der Mehrheitswahl nur Bewerber derjenigen Partei gewählt werden, welche die Mehrheit besitzt, soll die Verhältniswahl allen Parteien eine ihrer zahlenmäßigen Stärke entsprechende Vertretung ermöglichen. Gehören z. B. von 1000 Wählern 600 der Partei A und 400 der Partei B an und sind 10 Vertreter zu wählen, so werden 6 Bewerber der Partei A und 4 Bewerber der Partei B gewählt sein; bei der Mehrheitswahl dagegen wären alle 10 Bewerber der Partei A gewählt.

Da die Verhältniswahl aber auf verschiedene Arten durchgeführt werden kann (mit oder ohne Vorschlagslisten, mit freien oder einfach gebundenen oder streng gebundenen Listen, auch das Wahlergebnis kann auf verschiedene Arten berechnet werden), so bedarf es einer das Wahlverfahren regelnden „Wahlordnung" oder sonstiger das Wahlverfahren näher regelnder Bestimmungen.

Die vorliegende Wahlordnung hat, den bei der Beratung des Gesetzes geäußerten Wünschen entsprechend, das System der gebundenen Listen, und zwar der streng gebundenen, gewählt, das auch bei den Wahlen zu den Organen der Reichsversicherung bevorzugt wird. Bei streng gebundenen Listen darf der Wähler seine Stimme nur für eine der zugelassenen Vorschlagslisten abgeben; er ist dabei auch an die Reihenfolge gebunden, in der die Bewerber in der Liste aufgeführt sind (§ 6 Abs. 2, § 8 Abs. 1, § 12). Um das Verfahren nicht mehr, als unbedingt notwendig, zu beschweren, schließt die Wahlordnung auch eine Verbindung von Vorschlagslisten aus (§ 8 Abs. 3).

Die Berechnung des Wahlergebnisses hat nach dem von dem belgischen Rechtsgelehrten d'Hondt 1882 beschriebenen sogenannten Höchstzahlensysteme zu geschehen (§ 16), das sich besonders bei den Wahlen zu den Organen der Reichsversicherung bewährt hat. Das Nähere hierüber ergeben das im Anhang zur Wahlordnung unter Nr. 4 abgedruckte Muster und die diesem unter Nr. 4a des Anhanges angeschlossenen weiteren Beispiele. Das Muster 4 ist an die Stelle des auf Seite 41 42/des Ministerialblattes der Handels- und Gewerbeverwaltung 1917 abgedruckten Musters getreten, das einige sinnentstellende Druckfehler enthielt und auch weniger ausführlich gehalten war (zu vgl. Erlaß des Ministers für Handel und Gewerbe vom 15. März 1917, Ministerialblatt der Handels- und Gewerbeverwaltung 1917 S. 99ff.).

Die Wahl selbst vollzieht sich geheim, d. h. der Wähler gibt bei der Stimmabgabe nicht kund, wie er stimmt (§ 13). Die Ausschußmitglieder und Ersatzmänner werden unmittelbar von den Wählern gewählt. Die Wahl ist als Fristwahl gestaltet (§ 13 Abs. 1).

B. Wahlordnung

für die Wahl der Arbeiterausschüsse und Angestelltenausschüsse nach § 11 des Gesetzes über den vaterländischen Hilfsdienst vom 5. Dezember 1916

(Reichs-Gesetzbl. S. 1333).

I. Allgemeine Bestimmungen.

§ 1.

Umfang der Wahl.

Die Zahl[1] der zu wählenden Ausschußmitglieder bestimmt sich nach § 2 der Bestimmungen des Ministers für Handel und Gewerbe vom 22. Januar 1917.

Für die Ausschußmitglieder werden Ersatzmänner in doppelter Zahl gewählt[2].

1) **Vgl.** Anm. 1 zu § 2 der Ausführungsbestimmungen.
2) **Vgl.** Anm. 2 zu § 2 der Ausführungsbestimmungen.

§ 2.

Wahlberechtigung.

Wahlberechtigt sind die volljährigen Arbeiter oder versicherungspflichtigen Angestellten des Betriebs oder der Betriebsabteilung, ohne Unterschied des Geschlechts, soweit sie die deutsche Reichsangehörigkeit besitzen[1].

Jeder Wähler hat eine Stimme.

1) **Vgl.** § 11 Abs. 2 des Gesetzes und Anm. 1—5 zu § 3 der Ausführungsbestimmungen.

§ 3.

Wählbarkeit.

Wählbar sind alle Wahlberechtigten[1].

1) **Vgl.** § 2 der Wahlordnung und Anm. 6 zu § 3 der Ausführungsbestimmungen.

§ 4.

Leitung der Wahl[1]). Fristberechnung[4]).

Die Arbeiterausschüsse und die Angestelltenausschüsse werden für Betriebe oder Betriebsabteilungen[2]) je besonders in getrennter Wahl gewählt.

Je nach Bestimmung des Betriebsunternehmers wird die Wahl durch diesen selbst oder seinen Bevollmächtigten oder durch einen aus einem Vorsitzenden und zwei Beisitzern bestehenden Wahlvorstand geleitet[3]). Vorsitzender des Wahlvorstandes ist der Betriebsunternehmer oder sein Bevollmächtigter; er beruft für jede Wahl die beiden Beisitzer aus den ältesten Wahlberechtigten (§ 2).

Sonn- und Feiertage verlängern den Ablauf von Fristen dieser Wahlordnung nicht[4]).

1. **Die Aufgaben der Wahlleitung sind**: Erlaß des Wahlausschreibens (§ 6), Prüfung und Auslegung der Wählerliste (§§ 5, 6 Abs. 2 Satz 1), Entscheidung über Einsprüche gegen die Wählerliste (§ 7), Prüfung und Auslegung der Vorschlagslisten (§ 9), Bestimmung über die Zurverfügungstellung der Wahlumschläge (§ 12 Abs. 2 Satz 3), Überwachung der Stimmabgabe (§ 13), Feststellung des Wahlergebnisses (§§ 14—19), Berufung von Ausschußmitgliedern und Ersatzmännern (§ 11 Abs. 1 Satz 2, Abs. 2 Satz 3, § 20, § 22 Abs. 2, 3, § 26 Abs. 3), Benachrichtigung der Gewählten oder Berufenen (§ 22 Abs. 1), Veröffentlichung der Namen der Gewählten oder Berufenen (§ 23).

2) **Betriebsabteilungen.** Vgl. § 11 Abs. 2 des Gesetzes, § 1 der Ausf.Best. Anm. 1 und § 9 der Ausf.Best. Anm. 1.

3) **Wahlleitung.** Es ist dem Betriebsunternehmer oder seinem gesetzlichen Vertreter überlassen, ob er die Wahl selbst leiten oder ob er die Wahlleitung einem Bevollmächtigten (seinem Generalbevollmächtigten oder einem für diesen besonderen Fall Bevollmächtigten) übertragen will — oder ob die Wahl durch einen aus ihm selbst oder seinem Bevollmächtigten und zwei Beisitzern bestehenden Wahlvorstande geleitet werden soll. Die letztere Alternative dürfte sich empfehlen, um jedes Mißtrauen gegenüber der Wahlleitung auszuschalten.

Hat der Betriebsunternehmer einen Wahlvorstand gebildet, so kann er ihn nicht während der Wahl auflösen. Für einen Beisitzer, der während der Wahl die Wahlberechtigung verliert, ist ein neuer Beisitzer zu berufen.

Trifft beim Vorhandensein eines Wahlvorstandes der Betriebsunternehmer allein ohne Zuziehung der Beisitzer Entscheidungen, die der gesamte Wahlvorstand zu treffen hat, so reicht dies nicht aus, um die Ungültigkeit der Wahl zu begründen, wenn die Beisitzer die Entscheidung nachträglich genehmigt haben (vgl. auch § 24 Anm. 3).

Die Mitglieder des Wahlvorstandes haben gleiches Stimmrecht.

4) **Fristberechnung.** Die §§ 186 bis 193 des Bürgerlichen Gesetzbuches (über Fristen und Termine) haben nur deklaratorische Bedeutung, d. h. sie gelten nur, soweit die Gesetze, Verordnungen usw. die in ihnen enthaltenen Frist- und Terminsbestimmumgen nicht ausdrücklich regeln. Über Fristberechnungen vgl. Anm. 2a, b, 3 zu § 6 und Anm. 6 zu § 9.

II. Vorbereitung der Wahl.

§ 5.

Wählerlisten[1]).

Der Betriebsunternehmer oder sein Bevollmächtigter hat für jede Wahl eine Liste der Wahlberechtigten aufzustellen. Vorhandene Listen (Krankenkassenlisten, Lohnlisten) können benutzt werden. (Der Wahlvorstand kann die Wählerlisten ergänzen)[2]).

1) **Wegen der Einsprüche** gegen die Wählerliste vgl. § 6 Abs. 2 Satz 1 und § 7.

2) **Der eingeklammerte Satz 2** hat nur für den Fall Bedeutung, daß ein dreigliedriger Wahlvorstand besteht (§ 4 Anm. 3). Leitet der Betriebsunternehmer selbst die Wahl, so ist es selbstverständlich, daß er auch zur Ergänzung der von ihm aufgestellten Wählerliste berechtigt ist.

§ 6.

Wahlausschreiben[1])[4]).

Der Wahlleiter (Wahlvorstand) hat spätestens 20 Tage[2a])[2b]) vor dem letzten Tage der Stimmabgabe (§ 13 Abs. 1) ein Wahlausschreiben zu erlassen.

Im Wahlausschreiben ist die Zahl der zu wählenden Ausschußmitglieder und Ersatzmänner zu veröffentlichen, anzugeben, wo die Wählerliste zur Einsicht ausliegt, daß Einsprüche gegen die Wählerliste zur Vermeidung des Ausschlusses binnen drei Tagen nach dem ersten Tage des Aushanges (Abs. 3)[3])[5]) beim Wahlleiter (Vorsitzenden des Wahlvorstandes) anzubringen sind, und zur Einreichung von Vorschlagslisten mit dem Hinweis darauf aufzufordern, daß nur solche Vorschlagslisten berücksichtigt werden, die spätestens eine Woche nach dem ersten Tage des Aushanges (Abs. 3)[3])[5]) bei dem Wahlleiter (Vorsitzenden des Wahlvorstandes) eingehen, und daß die Stimmabgabe an die zugelassenen Vorschlagslisten gebunden ist. Ferner ist anzugeben, wo die Vorschlagslisten nach ihrer Zulassung (§ 9) zur Einsicht der Wähler ausliegen, wo die Wähler den Wahlumschlag (§ 12 Abs. 2) empfangen [6]), sowie wann und wo (§ 13 Abs. 1) sie den Wahlumschlag mit ihrem Stimmzettel abgeben können. Endlich ist im Wahlausschreiben mitzuteilen, wo die Wahlordnung zur Einsicht ausliegt.

Eine Abschrift oder ein Abdruck des Wahlausschreibens ist an einer oder mehreren geeigneten, allen Wahlberechtigten zugänglichen Stellen [7]) [8]), die der Wahlleiter (Wahlvorstand) bestimmt, bis zum letzten Tage der Stimmabgabe (§ 13 Abs. 1) oder bis zu dem Tage, an dem bekannt gemacht wird, daß eine Stimmabgabe nicht stattfindet (§ 11 Abs. 4), auszuhängen und in lesbarem Zustand zu erhalten.

1) **(Amtliche Anmerkung:)** Ein Muster für das Wahlausschreiben ist im Anhang unter Nr. 1 abgedruckt.

2a) **(Amtliche Anmerkung:)** Mit Einschluß des letzten Tages der Stimmabgabe steht hiernach für die eigentliche Wahl ein Zeitraum von drei Wochen zur Verfügung. Diese Zeit reicht aber auch bequem aus. Beispiel für die Fristberechnung: Letzter Tag der Stimmabgabe: 23. 2. 1917, Aushang des Wahlausschreibens: 2. 2. 1917.

2b) **In die Frist von 20 Tagen** ist weder der erste Tag des Aushanges des Wahlausschreibens, noch der letzte Tag der Stimmabgabe einzubeziehen. Ist also das Wahlausschreiben am Freitag (z. B. den 2. 2. 1917) zum ersten Male ausgehängt worden, so fällt der letzte Tag der Stimmabgabe auf einen Freitag (z. B. den 23. 2. 1917). Von der Zwischenzeit entfallen: a) 9 volle Tage auf die Frist zur Einreichung der Vorschlagslisten einschließlich der etwaigen Nachfrist des § 11 Abs. 1; in diese 9 Tage fällt die 3tägige Frist für den Einspruch gegen die Wählerliste (§ 6 Abs. 2 Satz 1). b) 3 Tage auf die Auslegung der Vorschlagslisten (§ 9 Satz 3). — Mithin verbleiben 9 Tage für die Prüfung der Vorschlagslisten und für die Stimmabgabe.

Kürzere Bemessung der Frist zwischen dem ersten Tage des Aushanges des Wahlausschreibens und dem letzten Tage der Stimmabgabe wird regelmäßig die ganze Wahl ungültig machen. Ist die Frist auf eine kürzere Zeit als 20 Tage angesetzt, sind aber die Fristen für Einreichung der Vorschlagslisten, die Einspruchsfrist für die Wählerliste sowie die Frist für Auslegung der Vorschlagslisten gewahrt und ist die Frist für die Stimmabgabe angemessen festgesetzt worden, so dürfte bei sonst ordnungsmäßigem Gange der Wahl (z. B. weil die Vorschlagslisten zu keinem Anstand Anlaß gegeben haben und die Setzung einer Nachfrist nach § 11 Abs. 1 nicht erforderlich war) die Wahl wenigstens dann nicht ungültig sein, wenn auswärts beschäftigte Wähler (§ 21) nicht in Frage kommen (vgl. Anm. 5 Abs. 3).

3) **(Amtliche Anmerkung:)** Beispiele für die Fristberechnung:
Erster Tag des Aushanges: 2. 2. 1917.

Ende der Einspruchsfrist: 5. 2. 1917.
Ende der Listeneinreichungsfrist: 9. 2. 1917.

4) **Der vorgeschriebene Inhalt des Wahlausschreibens ist wesentlich.** Mängel führen nur dann nicht zur Aufhebung der ganzen Wahl, wenn nach Lage der gesamten Verhältnisse ein Einfluß des Verstoßes auf das Wahlergebnis auszuschließen ist (vgl. § 25 Anm. 1, näheres bei Schulz, „Die Ungültigkeit von Verhältniswahlen", S. 7 ff.).

5) **Kürzere Fristbemessung für die Listeneinreichung** bewirkt regelmäßig die Ungültigkeit des gesamten Wahlverfahrens. Denn die Annahme, daß durch die Fristverkürzung Wählergruppen von der Einreichung einer Vorschlagsliste abgehalten worden sein können, wird kaum je völlig auszuschließen sein (§ 25). Entsprechendes gilt von der Einspruchsfrist.

In der Bekanntmachung ist auch Ort und Zeit der Wahl (§ 13) anzugeben (vgl. das Muster S. 41). Die Wahlzeit kann bei Innehaltung der Mindestfrist von 20 Tagen (§ 6 Abs. 1) nicht länger als auf 3 Tage bemessen werden, da sonst für die Einreichung, Prüfung und Auslegung der Listen zu wenig Zeit bleibt. Wird das Wahlausschreiben früher als 20 Tage vor dem letzten Wahltag veröffentlicht, so kann auch die Wahlzeit entsprechend länger sein. Sollte in einem großen Betriebe bei Entnahme der Wahlumschläge (§ 12 Abs. 2) oder bei der Stimmabgabe (§ 13) die Mitbringung eines Ausweises des Wählers über seine Person erwünscht sein, so kann das Wahlausschreiben darauf hinweisen. Doch darf der Wähler, der den gewünschten Nachweis nicht beibringt, von der Ausgabe der Wahlumschläge oder von der Wahl nicht ausgeschlossen werden, vielmehr ist seine Wahlberechtigung von Amts wegen zu prüfen.

Nachträgliche Ergänzungen des Wahlausschreibens wegen mangelhaften Inhalts werden bei Benutzung des amtlichen Musters (S. 41) vermieden werden. Ob solche Ergänzungen zulässig sind, läßt sich nur unter Würdigung aller näheren Umstände entscheiden. Die vorgeschriebenen Fristen müssen gewahrt werden. Nachträgliche Änderungen von Wahlort und Wahlzeit sind zulässig. Für Bekanntmachung solcher Änderungen wird die in § 6 Abs. 1 angegebene Frist nicht gefordert werden können, da diese Frist lediglich wegen der Einreichung und Prüfung der Vorschlagslisten, des Einspruchs gegen die Wählerlisten und der Auslegung der Wählerlisten so lang bemessen ist. Eine nach Lage der Verhältnisse angemessene, etwa einwöchige, Frist dürfte für die Bekanntmachung der Änderung ausreichen.

6. **Für Empfangnahme der Wahlumschläge** ist eine nach den Verhältnissen des Betriebs angemessene Frist zu gewähren.

7) **Verstöße gegen die vorgeschriebene Art der Veröffentlichung,** die dem § 134e Abs. 2 der Gew.O. entspricht, haben wohl ausnahmslos die Ungültigkeit der ganzen Wahl zur Folge (§ 25 Anm. 1). Ergänzungen und Änderungen des Wahlausschreibens sind in gleicher Weise wie das Wahlausschreiben selbst zu veröffentlichen.

8) **Keine besondere Mitteilung des Wahlausschreibens an abwesende Wähler,** § 21 Anm. 2.

§ 7.

Entscheidung von Einsprüchen gegen die Wählerliste[1]).

Über Einsprüche[2]) [3]) gegen die Wählerliste (§§ 5, 6 Abs. 2) ist vom Wahlleiter (Wahlvorstande) mit tunlicher Beschleunigung zu entscheiden. Wird der Einspruch für begründet erachtet, so ist die Wählerliste entsprechend zu berichtigen. Die Entscheidung ist dem Beschwerdeführer vor dem Beginne der für die Stimmabgabe gesetzten Frist (§ 13 Abs. 1) mitzuteilen; sie kann nur mit einer Anfechtung der Wahl im ganzen angefochten werden[1]).

1) **Entscheidung über den Einspruch.** Wird der Einspruch zurückgewiesen, so wird dies schriftlich, unter Mitteilung der Gründe, geschehen müssen. Auch eine Entscheidung des Wahlvorstandes wird, sofern dieser über den Einspruch beschlossen hat, nur der Unterschrift des Vorsitzenden bedürfen. Wird der Einspruch für begründet erachtet, so wird auch eine mündliche Mitteilung, gegebenenfalls durch Beauftragte, genügen. Dabei wird besonders an den Fall gedacht, daß lediglich infolge eines Versehens alle in einem Betriebsteile beschäftigten wahlberechtigten Arbeiter oder Angestellten in die Wählerliste nicht aufgenommen worden sind. Vgl. im übrigen § 8 der Ausführungsbestimmungen und § 24 der Wahlordnung.

Über Entscheidungen des Vorsitzenden des Wahlvorstandes ohne Zuziehung der Beisitzer vgl. § 4 Anm. 3 Abs. 3.

2) **Einspruchsberechtigt** ist jeder Wahlberechtigte.

3) **Soweit kein Einspruch gegen die Richtigkeit der Wählerliste erhoben ist,** werden Bemängelungen der im Einklang mit der Liste ausgeübten Wahl oder der in Übereinstimmung mit der Liste erfolgten Zurückweisung Wahlberechtigter von der Stimmabgabe nicht zur Aufhebung der Wahl führen können (vgl. Entsch. des RVA. v. 25. 4. 1914, A.N. 1914 S. 525; auch Entsch. des badischen Verwaltungsgerichtshofs v. 13. 4. 1915, Zeitschrift für badische Verwaltung und Verwaltungsrechtspflege Bd. 47 S. 153). Vgl. § 13 Anm. 1.

§ 8.

Vorschlagslisten[1]) [2]) [3]). Listenvertreter.

Jede Vorschlagsliste soll[4]) wenigstens soviel nach § 3 wählbare[5]) Bewerber[6]) [7]) [8]) [9]) nennen, wie Ausschußmitglieder und Ersatzmänner zu wählen sind. Die einzelnen Bewerber sind unter fortlaufender Nummer oder in sonst erkennbarer[10]) Reihenfolge aufzuführen und nach Familien- und Vor-(Ruf-)Namen, Beruf und Wohnort[11]) zu bezeichnen.

Die Vorschlagslisten müssen[12]) von mindestens drei Wahlberechtigten[13]) unterschrieben[14]) [15]) sein. Ist nicht einer der

Unterzeichner ausdrücklich als Vertreter der Vorschlagsliste bezeichnet, so kann jeder Unterzeichner als Listenvertreter angesehen werden. Der Listenvertreter ist berechtigt und verpflichtet, dem Wahlleiter (Wahlvorstande) die zur Beseitigung von Anständen erforderlichen Erklärungen abzugeben. Unterzeichnet ein Wähler mehr als eine Vorschlagsliste, so wird sein Name nur auf der zuerst eingereichten Vorschlagsliste gezählt und auf den übrigen Listen gestrichen. Sind mehrere Vorschlagslisten, die von demselben Wahlberechtigten unterzeichnet sind, gleichzeitig eingereicht, so gilt die Unterschrift auf derjenigen Liste, welche der Unterzeichner binnen einer ihm gesetzten Frist von höchstens zwei Tagen bestimmt. Unterläßt dies der Unterzeichner, so entscheidet das Los. Weist eine Vorschlagsliste infolge der Streichung nicht mehr die vorgeschriebene Zahl von Unterschriften auf, so ist dem Listenvertreter die Beschaffung der fehlenden Unterschriften binnen einer ihm zu setzenden Frist anheimgegeben [16]). Sind alle Unterschriften gestrichen, so ist die Vorschlagsliste ungültig (§ 10 Abs. 1) [17]).

Eine Verbindung [18]) von Vorschlagslisten ist unzulässig.

1) **(Amtliche Anmerkung:)** Ein Muster für die Vorschlagsliste ist im Anhang unter Nr. 3 abgedruckt.

2) **Über die Zweckmäßigkeit einer Einigung der Wähler auf eine Liste** vgl. die amtliche Bemerkung S. 17.

3) **Eine Kennzeichnung der Liste,** z. B. als Liste der freien Gewerkschaften, macht die Liste nicht ungültig.

4) **„Jede Vorschlagsliste soll".** Es handelt sich nur um eine „Sollvorschrift". Eine Vorschlagsliste, die weniger oder mehr Bewerber nennt, als Ausschußmitglieder und Ersatzmänner zu wählen sind, kann daher nicht für ungültig erklärt werden (vgl. § 11 Abs. 2 Satz 2 bis 4, § 16 Abs. 2, § 20 Abs. 1).

Über Streichung zuviel vorgeschlagener Bewerber vgl. § 11 Anm. 3.

5) **Eine Prüfung der Wählbarkeit der vorgeschlagenen Bewerber** hat bei Gelegenheit der Prüfung der Vorschlagslisten zweckmäßig zu unterbleiben (vgl. § 26).

6) **Dieselbe Person** kann auf mehreren Vorschlagslisten als Bewerber vorgeschlagen werden (vgl. § 17).

7) **Die Listenvertreter selbst und Mitglieder des Wahlvorstandes** können in der Vorschlagsliste als Bewerber vorgeschlagen werden.

8) **Berücksichtigung verschiedener Arten von Wählern** (z. B. Techniker, Bureauangestellte) ist nicht vorgeschrieben, aber empfehlenswert (vgl. S. 10 oben).

9) **Eine Erklärung der Wahlannahme seitens der vorgeschlagenen Bewerber** ist nicht vorgeschrieben.

10) **Die Erkennbarkeit der Reihenfolge** der Bewerber ist für die Feststellung des Wahlergebnisses unbedingt erforderlich.

11) **Verstöße gegen die nähere Bezeichnung der vorgeschlagenen Bewerber** sind im Listenprüfungsverfahren zu beheben (§ 10 Abs. 2). Unterbleibt trotz Aufforderung die nähere Bezeichnung der Bewerber, so sind doch solche Bewerber aus der Liste zweckmäßigerweise zunächst nicht zu streichen. Dies wird vielmehr erst bei der Feststellung des Wahlergebnisses zu geschehen haben, falls Zweifel über die Identität bestehen sollten. Auch wenn die Wahlleitung die Aufforderung zur näheren Bezeichnung unterläßt, ist regelmäßig nicht die ganze Wahl ungültig. Die vorgeschlagenen Bewerber, deren Identität zweifelhaft ist, fallen bei der Feststellung des Wahlergebnisses aus (vgl. aber auch Entsch. des RVA. v. 9. 5. 1914, AN. 1914 S. 598).

12) **Die „Vorschlagslisten müssen".** Es handelt sich um eine „Mußvorschrift". Vorschlagslisten, die nicht von vornherein wenigstens drei Unterschriften tragen, sind ungültig (§ 10 Abs. 1).

13) **Die Wahlberechtigung der Listenunterzeichner** muß zur Zeit des Einganges der Vorschlagsliste gegeben sein; späterer Verlust der Wahlberechtigung ist ohne Bedeutung.

14) Die **Unterschriften** müssen so auf der Liste stehen, daß sie ihren Inhalt, die Aufzählung der Bewerber, räumlich decken. Namensschriften, die mit der Vorschlagsliste auf besonderem Bogen eingereicht werden, ohne daß ein ausreichender Anhalt dafür besteht, daß alle Personen, die ihren Namen auf das Blatt gesetzt haben, auch von dem Inhalt der Liste Kenntnis genommen haben und ihn mit ihrer Person vertreten, sind daher kein Unterschriften. (Entsch. des RVA. v. 20. 12. 1913, AN. 1914, S. 488). Die auf einer Liste an der erforderlichen Gesamtzahl fehlende Unterschrift kann nicht dadurch ersetzt werden, daß ein Wahlberechtigter, der die Liste nicht unterschrieben hat, die Liste mit besonderem, von ihm unterschriftlich vollzogenen Schreiben einreicht, ohne zu erklären, daß er die in der Liste bezeichneten Personen seinerseits ebenfalls vorschlage (Entsch. des RVA. v. 18. April 1914, AN. 1914, S. 728). Es ist nicht erforderlich, daß alle Unterschriften auf eine Ausfertigung der Vorschlagsliste gesetzt werden, vielmehr ist es statthaft, die Unterschriften auf mehreren Abdrücken derselben Liste zu sammeln. Die Unterschrift der Wahlberechtigten muß eigenhändig vollzogen sein, nicht aber genügt, wie im Rahmen des bürgerlichen Rechts (Entsch. des Reichsgerichts in Zivilsachen Bd. 50 S. 51ff., Bd. 74 S. 69ff.), die Unterzeichnung des Namens des Wahlberechtigten durch einen bevollmächtigten Dritten, etwa den Listenvertreter (Entsch. des badischen Verwaltungsgerichtshofs v. 22. 5. 1912, Zeitschrift für Badische Verwaltung und Verwaltungsrechtspflege, 44. Jahrg. S. 198). Der Unterzeichner übernimmt durch Unterzeichnung der Liste eine persönliche Verantwortung, die er nicht auf einen anderen übertragen kann. Deshalb dürften auch Blankounterschriften unzulässig sein, die von Wahlberechtigten zwecks Einreichung einer Vorschlagsliste einem Partei- oder Gruppenführer gegeben werden. Die Nichtbeanstandung von Blankounterschriften seitens der Wahlleitung wird indessen nicht zur Aufhebung der Wahl führen dürfen, wenn der Wahlleitung nichts von der Blankohergabe der Unterschriften bekannt gewesen ist.

15) **Zurückziehung der Unterschriften** unter einer eingereichten Liste ist unzulässig, obwohl die Liste selbst zurückgenommen werden

kann (§ 9 letzter Satz). Vor der Einreichung kann die Unterschrift nur durch Streichung oder durch Erklärung gegenüber der Wahlleitung zurückgenommen werden.

16) **Kommt im Falle des § 8 Abs. 2 Satz 7 der Listenvertreter der Aufforderung,** die fehlenden Unterschriften zu beschaffen, nicht rechtzeitig nach, so ist die Liste durch eine dem Listenvertreter mitzuteilende Entscheidung des Wahlleiters (Wahlvorstandes) für ungültig zu erklären. Auch eine Entscheidung des Wahlvorstandes wird, sofern dieser über die Ungültigkeit beschlossen hat, nur der Unterschrift des Vorsitzenden bedürfen. Die Entscheidung kann nur mit einer Anfechtung der Wahl im ganzen angefochten werden (§ 24 Abs. 2).

Als rechtzeitig nachgebracht müssen Unterschriften gelten, die auf der Vorschlagsliste oder einer Abschrift derselben spätestens am Tage vor Auslegung der Listen bei dem Wahlleiter (Vorsitzenden des Wahlvorstandes) eingehen.

Über Entscheidungen des Vorsitzenden des Wahlvorstandes ohne Zuziehung der Beisitzer vgl. § 4 Anm. 3 Abs. 3.

17) **Wird eine Vorschlagsliste ungültig, weil alle Unterschriften gemäß § 8 Abs. 2 Satz 4 bis 6 gestrichen worden sind,** so wird zwar auch hier der Wahlleiter (Wahlvorstand) darüber zu entscheiden haben, eine Mitteilung an die Beteiligten wird indessen nicht in Frage kommen, weil ja ein Listenvertreter nicht mehr vorhanden ist. Die Entscheidung kann nur mit einer Anfechtung der Wahl im ganzen angefochten werden (§ 24 Abs. 2).

18) **Die Verbindung von Vorschlagslisten** ermöglicht kleineren Wählergruppen die Aufstellung eigener Bewerber und sichert möglichst gegen den Verlust von Stimmen oder Stimmenresten (Schulz, „Die Wahl", S. 32). Wegen des Verbots der Verbindung vgl. Vorbemerkungen S. 18.

§ 9.

Bezeichnung und Prüfung der Vorschlagslisten.

Der Wahlleiter (Wahlvorstand) hat die eingereichten Vorschlagslisten nach der Reihenfolge ihres Einganges mit Ordnungsnummern zu versehen, sie zu prüfen, und, soweit die Listen nicht ungültig sind (§ 10 Abs. 1 Satz 1) [1] [2]), Anstände umgehend dem Listenvertreter (§ 8 Abs. 2 Satz 2 u. 3) mitzuteilen [3]) [4]). Zur Beseitigung der Anstände ist eine Frist zu setzen [5]). Spätestens drei Tage vor dem Beginne der für die Stimmabgabe gesetzten Frist [6]) sind die zugelassenen Vorschlagslisten in geeigneter Weise zur Einsicht der Beteiligten auszulegen oder auszuhängen. Solange dies nicht geschehen ist, kann eine Vorschlagsliste durch eine von allen Unterzeichnern der Liste unterschriebene Erklärung zurückgenommen werden.

1. **Die Entscheidung über die Ungültigkeit der Listen** trifft der Wahlleiter (Wahlvorstand) (vgl. Anm. 16 und 17 zu § 8, Anm. 1 zu

§ 10). In anderen als den dort bezeichneten Fällen kann eine Vorschlagsliste nicht für ungültig erklärt werden.

2) **Die Prüfung und Beanstandung der Vorschlagslisten hat den Zweck,** den Wahlberechtigten die bei dem Verhältniswahlverfahren bestehenden Schwierigkeiten hinsichtlich der Aufstellung der Vorschlagslisten zu erleichtern und die Durchführung der Wahl ihren Wünschen entsprechend zu sichern (Entsch. des RVA. v. 9. 5. 1914, AN. 1914 S. 598). Der Wahlleiter (Wahlvorstand) hat den Mangel deutlich zu bezeichnen, ist aber nicht genötigt, darüber, was er im Falle der Nichtbeseitigung des Mangels zu tun beabsichtigt, dem Listenvertreter schon bei Mitteilung des Anstandes Auskunft zu geben. Eine voreilige Stellungnahme der Wahlleitung würde unter Umständen unnötigerweise den Ausgang der Wahl gefährden können. Es ist vielmehr zunächst Sache des Listenvertreters zu erwägen, ob er den Mangel beseitigen oder ob er es auf die Zurückweisung der Liste oder ihre Berichtigung ankommen lassen will, die er dann, da die Entscheidungen des Wahlleiters (Wahlvorstandes) für sich allein nicht anfechtbar sind (§ 24 Abs. 2) im Wahlanfechtungsverfahren bekämpfen kann.

3) **Wird eine ungültige Vorschlagsliste zur Wahl zugelassen,** so ist die ganze Wahl ungültig (Entsch des RVA. v. 9. 5. 1914, AN. 1914, S. 598).

4) **Sterbefälle, Verlust der Wählbarkeit vorgeschlagener Bewerber** berechtigen den Listenvertreter nicht zur Benennung neuer Bewerber.

5) **Die Anstände müssen spätestens** am Tage vor Auslegung der Vorschlagslisten beseitigt sein.

6) **(Amtliche Anmerkung:)** Beispiel für die Fristberechnung: Erster Tag der Stimmabgabe: 21. 2. 1917, Auslegung der Vorschlagslisten: spätestens 18. 2. 1917 früh mit Betriebsbeginn.

§ 10

Ungültige Vorschlagslisten.

Die Vorschlagslisten sind ungültig, wenn sie verspätet eingereicht werden, oder wenn sie nicht die erforderliche Zahl von Unterschriften tragen [1]). Ungültig sind auch Vorschlagslisten, auf denen die Bewerber nicht in erkennbarer Reihenfolge (§ 8 Abs. 1 Satz 2) aufgeführt sind, wenn der Mangel nicht rechtzeitig (§ 9 Satz 2) beseitigt wird [1]) [2]).

Ist ein vorgeschlagener Bewerber nicht in der im § 8 Abs. 1 Satz 2 bestimmten Weise bezeichnet, und kommt der Listenvertreter der Aufforderung des Wahlleiters (Wahlvorstandes), die Liste zu ergänzen, nicht rechtzeitig nach (§ 9 Satz 2), so kann der Name des unvollständig Bezeichneten gestrichen werden [3]).

1) **Entscheidung der Wahlleitung.** In den Fällen des § 10 Abs. 1 Satz 1 und 2 hat der Wahlleiter (Wahlvorstand) über die Ungültig-

keit der Listen zu entscheiden und wird die Entscheidung dem Listenvertreter schriftlich mitzuteilen haben. Auch eine Entscheidung des Wahlvorstandes wird, sofern dieser über die Ungültigkeit beschlossen hat, nur der Unterschrift des Vorsitzenden bedürfen.

Über Entscheidungen des Vorsitzenden des Wahlvorstandes ohne Zuziehung der Beisitzer vgl. § 4 Anm. 3 Abs. 3.

2) **Abstimmung über ungültige Listen,** vgl. § 9 Anm. 3.

3) **Streichung.** Der Listenvertreter braucht nicht noch besonders darauf hingewiesen zu werden, daß der Name des unvollständig bezeichneten Bewerbers gestrichen werden könne, falls der Aufforderung, die Liste zu ergänzen, nicht rechtzeitig entsprochen werde. Auch einer Mitteilung über die spätere Streichung, die zweckmäßig bei der Feststellung des Wahlergebnisses (§ 14) erfolgt, wird es nicht bedürfen. In der Streichung liegt eine Entscheidung des Wahlleiters (Wahlvorstandes), die nur mit der Anfechtung der Wahl im ganzen angefochten werden kann (§ 24 Abs. 2). Vgl. § 8 Anm. 11.

§ 11.

Fehlen gültiger Vorschlagslisten. Berufung von Ausschußmitgliedern und Ersatzmännern. Wahl ohne Stimmabgabe.

Wird keine gültige Vorschlagsliste eingereicht, so hat der Wahlleiter (Wahlvorstand) dies sofort bekanntzumachen (§ 6 Abs. 3) und zur Einreichung von Vorschlagslisten eine Nachfrist bis zum Ablauf des auf diese Bekanntmachung folgenden Tages zu setzen [1]). Wird auch dann eine gültige Vorschlagsliste nicht eingereicht, so hat der Wahlleiter (Wahlvorstand) die Ausschußmitglieder und Ersatzmänner aus den Wählbaren (§ 3) zu berufen [2]).

Wird nur eine Vorschlagsliste zugelassen, so gelten die in ihr gültig verzeichneten Bewerber in der Reihenfolge der Liste als gewählt. Sind in der Liste nicht soviel Bewerber als Ausschußmitglieder vorgeschlagen, wie zu wählen sind, so gelten auch die als Ersatzmänner Vorgeschlagenen nach der Reihenfolge ihrer Benennung in der Vorschlagsliste als gewählte Mitglieder, soweit dies zur Ergänzung ihrer Zahl notwendig ist. Etwa fehlende Mitglieder und Ersatzmänner sind nach Abs. 1 zu berufen. Sind zuviel Bewerber vorgeschlagen, so werden diejenigen gestrichen, deren Namen den in zulässiger Zahl vor ihnen genannten folgen [3]).

Andernfalls kommt es zur Stimmabgabe (§§ 12, 13).

In den Fällen der Absätze 1 und 2 hat der Wahlleiter (Wahlvorstand) in derselben Weise, wie dies bei dem Wahlausschreiben geschehen ist (§ 6 Abs. 3), bekanntzumachen, daß eine Stimmabgabe nicht stattfindet.

1) **(Amtliche Anmerkung:)** Ein Muster für diese Bekanntmachung ist im Anhang unter Nr. 2 abgedruckt.

2) **Wegen der Berufung** vgl. § 20, § 22 Abs. 1.

3) **Zuviel vorgeschlagene Bewerber** werden erst bei Feststellung des Wahlergebnisses (§ 14) oder dann gestrichen, wenn feststeht, daß nur eine gültige Liste vorliegt. Denn es kann sich später herausstellen, daß sich unter den bis zur zulässigen Grenze vorgeschlagenen Bewerbern nicht wählbare Bewerber befinden. Vgl. § 14 Anm. 2.

III. Stimmabgabe.

§ 12.

Stimmzettel und Wahlumschläge.

Der Wähler darf seine Stimme nur für eine der zugelassenen Vorschlagslisten (§ 9) abgeben. Der Stimmzettel [1]) muß die Ordnungsnummer der zugelassenen Vorschlagslisten enthalten. An Stelle oder neben der Ordnungsnummer können in dem Stimmzettel die Namen der in einer zugelassenen Vorschlagsliste eingetragenen Bewerber in deren Reihenfolge aufgeführt werden; Abweichungen [2]) von der Vorschlagsliste machen den Stimmzettel ungültig. Stimmzettel, die unterschrieben sind, oder deren Inhalt zweifelhaft ist, oder die einen Widerspruch oder Vorbehalt enthalten, oder die ein Merkmal haben, das die Absicht einer Kennzeichnung wahrscheinlich macht, sind ungültig.

Der Wähler hat seinen Stimmzettel in einem Wahlumschlag abzugeben. Die Wahlumschläge sind vom Arbeitgeber zu beschaffen und mit der Aufschrift oder dem Vordruck zu versehen: „Wahl zum Arbeiter-(Angestellten-)Ausschuß für (Bezeichnung des Betriebs oder der Betriebsabteilung) im ... Vierteljahr 1917“ [3]). Die Wahlumschläge sind den Wahlberechtigten nach näherer Bestimmung des Wahlvorstandes [4]) zur Verfügung zu stellen [5]).

Befinden sich in einem Wahlumschlage mehrere Stimmzettel, so werden sie, wenn sie vollständig übereinstimmen, nur einfach gezählt, andernfalls als ungültig angesehen.

1) **Über die Größe der Stimmzettel** sind keine Vorschriften gegeben. Als Stimmzettel kann ein Abdruck der Vorschlagsliste verwendet werden.

2) **Eine Abweichung** hinsichtlich eines einzigen Bewerbers oder hinsichtlich der Reihenfolge macht den Stimmzettel ungültig. Ab-

weichende Schreibweise nur dann, wenn Zweifel über die Identität mit dem in der Liste benannten Bewerber bestehen können.

3) **Der Zusatz „Vierteljahr 1917“** ist gemacht, um Verwechselungen bei einer Neuwahl (§ 4 Abs. 2 der Ausführungsbestimmungen, § 24 Abs. 3 der Wahlordnung) vorzubeugen.

4) **„Wahlvorstandes“** oder Wahlleiters.

5) **Über Zurverfügungstellung der Wahlumschläge** vgl. § 6 Anm. 6 — an abwesende Wähler § 21 Anm. 3.

§ 13.

Die Abgabe der Stimmzettel.

Der Wähler [1] [2] hat den seinen Stimmzettel enthaltenden Wahlumschlag verschlossen oder offen an einem der für die Stimmabgabe festgesetzten Tage [3] bei der von dem Wahlvorstande bezeichneten Stelle unter Nennung des Namens abzugeben [4] [5] [6].

Die mit der Entgegennahme der Wahlumschläge und Stimmzettel betraute Person hat den Wahlumschlag in Gegenwart des Wählers in einen dazu aufgestellten Kasten zu stecken und die Stimmabgabe in der Wählerliste zu vermerken [7].

Der Stimmzettelkasten muß vom Wahlleiter (Wahlvorstand) verschlossen und so eingerichtet sein, daß die hineingeschobenen Umschläge mit den Stimmzetteln nicht herausgenommen werden können, ohne daß der Kasten geöffnet wird.

1) **Personen, die zur Zeit der Stimmabgabe nicht wahlberechtigt sind,** sind trotz ihrer Aufnahme in die Wählerliste von der Wahl zurückzuweisen. Auch nicht in der Wählerliste aufgeführte Wahlberechtigte sind zur Wahl zuzulassen. Vgl. aber § 7 Anm. 3, auch § 25 Anm. 1.

2) **Die Stimmabgabe muß persönlich** erfolgen. Stimmabgabe nicht anwesender Wahlberechtigter (§ 21) durch die Post ist unzulässig. Gleiches gilt für die Stimmabgabe durch einen Bevollmächtigten Der so abgegebene Stimmzettel wäre ungültig.

3) **Die Frist für Abgabe der Stimmzettel** muß so bemessen sein, daß die Wähler ohne besondere Schwierigkeiten dazu in der Lage sind.

4) **Über Ausweise der Wähler bei der Abgabe der Stimmzettel** vgl. § 6 Anm. 5 Abs. 2.

5) **Stimmabgabe abwesender Wähler,** § 21 Anm. 4.

6) **Eine Wahlversammlung** findet nicht statt.

7) **Verstöße gegen die Geheimheit der Wahl,** z. B. Öffnung der Wahlumschläge bei der Stimmabgabe, begründen die Ungültigkeit der Wahl (§ 25 Anm. 1).

IV. Feststellung des Wahlergebnisses.

§ 14.

Im allgemeinen.

Das Wahlergebnis wird durch den Wahlleiter (Wahlvorstand) spätestens am dritten Tage nach dem Abschluß der Stimmabgabe festgestellt [1]) [2]).

1) **Mangelhafte Feststellung** des Wahlergebnisses begründet regelmäßig die Ungültigkeit der Wahl, vgl. § 25 Anm. 1 Abs. 1 unter h. Ein wesentlicher Mangel der Feststellung ist z. B. dann gegeben, wenn der Stimmzettelkasten nicht ordnungsmäßig beschaffen war (§ 13 Abs. 3) oder vorzeitig oder nicht in Anwesenheit des gesamten Wahlvorstandes geöffnet worden war (§ 15 Anm. 2).

2) **Zuviel vorgeschlagene Bewerber (vgl. § 11 Abs. 2 Satz 4) und nicht wählbare Bewerber (vgl. § 11 Abs. 2 Satz 1)** sind in den Vorschlagslisten zu streichen, soweit gültig gewählte Bewerber in ausreichender Zahl vorhanden sind. Auch ein unvollständig bezeichneter Bewerber wird zweckmäßig erst bei der Feststellung des Wahlergebnisses gestrichen (§ 8 Anm. 11, § 10 Anm. 3, § 11 Anm. 3).

§ 15.

Berechnung der jeder Vorschlagsliste zugefallenen Stimmenzahl.

Nach Öffnung des Stimmzettelkastens oder der mehreren Kästen durch den Wahlleiter (Wahlvorstand) [2]) werden die Stimmzettel aus den Wahlumschlägen entnommen und die auf jede Vorschlagsliste entfallenen Stimmen [1]) zusammengezählt. Dabei ist die Gültigkeit der Stimmzettel zu prüfen.

1) **Bei streng gebundenen Listen** gibt der einzelne Wähler seine Stimme für eine der zur Abstimmung zugelassenen Vorschlagslisten ab.

2) **Bei Öffnung des Stimmzettelkastens und Feststellung des Ergebnisses der Abstimmung** muß der Wahlleiter, beim Bestehen eines Wahlvorstandes der gesamte Vorstand anwesend sein. Andernfalls liegt ein wesentlicher Mangel vor, der zur Aufhebung der Wahl führt.

§ 16.

Verteilung der Mitgliederstellen auf die Vorschlagslisten.

Die den einzelnen Vorschlagslisten zugefallenen Stimmenzahlen (§ 15) werden der Reihe nach durch 1, 2, 3, 4 usw. bis zur

Höchstzahl der zu Wählenden [2]) geteilt; unter den so gefundenen Zahlen werden soviel Höchstzahlen [1]) ausgesondert und der Größe nach geordnet, als Mitglieder zu wählen sind. Jede Vorschlagsliste erhält soviel Mitgliederstellen zugeteilt, wie Höchstzahlen auf sie entfallen. Wenn eine Höchstzahl auf mehrere Vorschlagslisten zugleich entfällt, so entscheidet das Los darüber, welcher dieser Vorschlagslisten die nächste Stelle zukommt.

Wenn eine Vorschlagsliste weniger Bewerber enthält, als Höchstzahlen auf sie entfallen, so gehen die überschüssigen Stellen auf die Höchstzahlen der anderen Vorschlagslisten über.

1) **Das Höchstzahlensystem** (vgl. Vorbemerkungen zur Wahlordnung S. 18) beruht auf dem Grundsatz, daß keine Partei eine Stelle oder eine weitere Stelle erhalten soll, solange nicht eine andere Partei auf eine größere Stimmenzahl eine Stelle oder eine weitere Stelle erhalten hat. Wegen der Berechnung des Wahlergebnisses vgl. das im Anhang unter Nr. 4 abgedruckte Muster und die unter Nr. 4a des Anhanges abgedruckten weiteren Beispiele zum Muster 4.

2) **„Bis zur Höchstzahl der zu Wählenden“.** Dieser Zusatz ist nicht richtig. Die Teilung ist nur so lange fortzusetzen, bis soviel Höchstzahlen ausgesondert sind, wie der Gesamtzahl der zu wählenden Vorstandsmitglieder und Ersatzmänner entspricht. Vgl. die Beispiele S. 45 ff., insbesondere Muster 4 Abs. 4 Satz 2 Seite 45.

§ 17.

Verteilung der Bewerber innerhalb der Vorschlagslisten [1]).

Die Reihenfolge der Bewerber innerhalb der einzelnen Vorschlagslisten bestimmt sich nach der Reihenfolge ihrer Benennung. Würde eine Person wegen ihrer Benennung auf mehreren Vorschlagslisten mehrfach gewählt sein, so gilt sie als gewählt auf Grund der Liste, auf der ihr die größte Höchstzahl zufällt; bei gleichen Höchstzahlen entscheidet das Los [2]). Bei den anderen Listen tritt an Stelle des bereits als gewählt geltenden Bewerbers der nächstbenannte Bewerber.

1) **Vgl. das im Anhang unter Nr. 4 abgedruckte Muster.**

2) **Daß bei gleichen Höchstzahlen das Los entscheidet,** ist schon im § 16 Abs. 1 Satz 3 gesagt und hier nur wiederholt. Eine nochmalige Auslosung findet nicht statt, vgl. das Muster 4 Abs. 7 S. 46.

§ 18.

Ersatzmänner.

Nach den Grundsätzen der §§ 16 und 17 werden soviel Ersatzmänner ausgeschieden, wie zu wählen sind [1]).

1) **Den Grundsätzen der §§ 16, 17** wird genügt, wenn die Ersatzmänner nach dem im Anhang unter Nr. 4 abgedruckten Muster ermittelt werden, d. h. also, man braucht wegen der Ersatzmänner nicht eine besondere Berechnung aufzustellen, sondern kann von vornherein so viele Höchstzahlen aussondern, als Mitglieder und Ersatzmänner zu wählen sind.

§ 19.

Niederschrift des Wahlleiters (Wahlvorstandes)[1].

Soweit eine Stimmabgabe nach den §§ 12, 13 stattgefunden hat, stellt der Wahlleiter (Wahlvorstand) in einer Niederschrift die Gesamtzahl der abgegebenen gültigen Stimmen, die jeder Liste zugefallene Stimmenzahl, die berechneten Höchstzahlen, deren Verteilung auf die Listen, die Zahl der für ungültig erklärten Stimmen und die Namen der Gewählten fest[1]).

Entsprechend ist zu verfahren, wenn die Wahl nach § 11 Abs. 2 Satz 1 und 2 ohne Stimmabgabe oder wenn eine Berufung von Mitgliedern und Ersatzmännern nach § 11 Abs. 1 Satz 2 oder nach § 11 Abs. 2 Satz 3 stattgefunden hat.

Die Niederschrift ist vom Wahlleiter (Wahlvorstande) zu unterschrieben.

1) **(Amtliche Anmerkung:)** Ein Muster für die Niederschrift sowie ein Beispiel für die Ermittlung des Wahlergebnisses sind im Anhang unter Nr. 4 abgedruckt.

§ 20.

Berufung von Ausschußmitgliedern und Ersatzmännern durch den Wahlvorstand.

Soweit Mitglieder- und Ersatzmännerstellen durch Wahl nicht besetzt sind, hat der Wahlleiter (Wahlvorstand) Mitglieder und Ersatzmänner zu berufen[1]). Für so berufene Ersatzmänner ist eine Reihenfolge schriftlich festzustellen. Diese Feststellung ist vom Wahlleiter (Wahlvorstande) zu unterschreiben.

Werden für die zugelassenen mehreren Vorschlagslisten keine Stimmen abgegeben, so gilt Abs. 1 entsprechend. Dabei sind zunächst die in den Vorschlagslisten benannten Bewerber zu berücksichtigen.

1) **Wegen der Mitteilung an die Berufenen** vgl. § 22 Abs. 1.

§ 21.

Beteiligung abwesender Wahlberechtigter an der Wahl[1–4]).

Auch denjenigen Wahlberechtigten, welche im Auftrage des Betriebsunternehmers auf Reisen abwesend sind (z. B. Geschäftsreisende, Monteure, Schiffsmannschaften in Binnenschiffahrtsbetrieben) ist möglichst Gelegenheit zur Beteiligung an der Wahl zu geben. Zu diesem Zwecke ist darauf Bedacht zu nehmen, daß sie von dem Wahlausschreiben Kenntnis [2]) und Gelegenheit erhalten, ihre Stimmzettel in verschlossenen Umschlägen an einer bestimmten Stelle abzugeben [1])[4]). Die Umschläge sind vor der Feststellung des Wahlergebnisses von dem Wahlleiter (Wahlvorstand) ungeöffnet in den verschlossenen Stimmzettelkasten zu stecken.

1) **Persönliche Abgabe** des den Stimmzettel enthaltenden Wahlumschlags ist hier nicht vorgeschrieben. Übersendung durch die Post in besonderem Briefumschlag unter Angabe des Absenders dürfte genügen. Nach Öffnung des Briefes ist der Wahlumschlag mit dem Stimmzettel uneröffnet in den Stimmzettelkasten zu stecken. Hierüber ist ein schriftlicher Vermerk aufzunehmen, der der Niederschrift (§ 19) beizufügen ist.

2) **Besondere Mitteilung des Wahlausschreibens an abwesende Wahlberechtigte** ist nicht vorgeschrieben.

3) **Die Wahlumschläge** sind abwesenden Wählern auf Wunsch portofrei (§ 28 Abs. 2) zu übersenden. Die Einsendung des den Stimmzettel enthaltenden Wahlumschlags ist seitens des Wählers zu frankieren.

4) **Geht der den Stimmzettel eines abwesenden Wählers enthaltende Wahlumschlag** nach der für die Stimmabgabe festgesetzten Zeit ein, so ist der Stimmzettel ungültig. Dagegen wird er als gültig angesehen werden müssen, wenn er vor der für die Stimmabgabe festgesetzten Zeit eingeht.

§ 22.

Mitteilung an die Gewählten oder Berufenen [1]).

Der Wahlleiter (Vorsitzende des Wahlvorstandes) benachrichtigt die gewählten oder berufenen Mitglieder und Ersatzmänner schriftlich von der auf sie entfallenen Wahl oder Berufung. Erklärt der Gewählte oder Berufene nicht binnen einer Woche, daß er die Wahl oder Berufung ablehne, so gilt die Wahl oder Berufung als angenommen.

Lehnt ein Gewählter die Wahl ab [2]), so gilt an seiner Stelle der in der gleichen Vorschlagsliste nach ihm vorgeschlagene noch nicht Gewählte als gewählt. § 16 Abs. 2, §§ 17, 18, 20 Abs. 1 gelten entsprechend.

Lehnt ein nach § 11 Abs. 1 Satz 2 oder nach § 11 Abs. 2 Satz 3 oder nach § 20 Berufener die Berufung ab, so ist wiederum nach § 20 Abs. 1 zu verfahren.

1) **(Amtliche Anmerkung:)** Ein Muster für die Mitteilung ist im Anhang unter Nr. 5 abgedruckt.

2) **Die Ablehnung der Wahl** kann ohne Angabe von Gründen geschehen (§ 3 der Ausf.Best. Anm. 6).

§ 23.

Bekanntmachung des Wahlergebnisses.

Sobald die Namen der Gewählten oder Berufenen endgültig feststehen, hat der Wahlleiter (Wahlvorstand) sie durch zweiwöchigen Aushang an derjenigen Stelle, an welcher das Wahlausschreiben[2]) angeheftet gewesen ist, bekannt zu machen[1])[3]).

1) **(Amtliche Anmerkung:)** Ein Muster für diese Bekanntmachung ist im Anhang unter Nr. 6 abgedruckt.

2) **Vgl.** § 6 Abs. 3.

3) Die **Nichtveröffentlichung** oder die nicht ordnungsmäßige Veröffentlichung des Wahlergebnisses macht die Wahl nicht ungültig (vgl. § 25 Anm. 1), sondern hat nur die Wirkung, daß die Anfechtung der Wahl (§ 24) an keine Frist gebunden ist. Wird die Wahl gleichwohl angefochten, so wird die Bekanntmachung nicht nachgeholt zu werden brauchen, weil die zur Entscheidung berufenen Stellen grundsätzlich den Rechtsstreit nach allen Richtungen zu prüfen und sich nicht auf das Für und Wider der Gründe der Vorentscheidung zu beschränken haben (Entsch. des Sächsischen Landesversicherungsamts v. 22. 5. 1914, Grundsätzliche Entsch. dieses Amtes Band I S. 130).

V. Anfechtung und Ungültigkeit der Wahl.

§ 24.

Im allgemeinen.

Die Gültigkeit der Wahl[1]) kann während der Dauer des Aushanges (§ 23)[2]) angefochten werden. Anfechtungen sind bei dem Wahlleiter (Wahlvorstand) oder bei dem Gewerbeinspektor oder Bergrevierbeamten anzubringen; der Gewerbeinspektor[2]) oder Bergrevierbeamte[2]) entscheidet über sie. Auf Beschwerde, die binnen einem Monat nach Zustellung der Entscheidung des Gewerbeinspektors oder Bergrevierbeamten einzulegen ist, entscheidet endgültig der Regierungspräsident, im Landespolizeibezirk Berlin der Polizeipräsident, oder das Oberbergamt.

Entscheidungen des Wahlleiters (Wahlvorstandes) können nur mit einer Anfechtung der Wahl im ganzen angefochten werden[3]).

Ist die ganze Wahl ungültig, so ist alsbald ein neues Wahlverfahren einzuleiten.

1) **„Die Gültigkeit der Wahl"**, und zwar sowohl aller als auch einzelner Ausschußmitglieder und Ersatzmänner, auch dann, wenn die Wahl durch Berufung erfolgt ist. Ist die Wahl für ungültig erklärt, so wird damit auch die Berufung von Ausschußmitgliedern (z. B. nach § 22) ungültig.

2) **Über die Anfechtung** und die zur Entscheidung berufenen Stellen vgl. § 8 der Ausführungsbestimmungen Anm. 2 bis 4.

3) **Die Entscheidungen des Wahlleiters (Wahlvorstandes)** sollen nicht zum Gegenstand einer selbständigen Anfechtung oder Beschwerde gemacht werden können, weil sonst das Wahlverfahren sehr verzögert werden würde. Aber auch bei einer Anfechtung der Wahl im ganzen, d. h. im Ergebnis — unter Wahlergebnis ist die Wahl oder Berufung sowohl aller, als auch einzelner Ausschußmitglieder und Ersatzmänner zu verstehen (vgl. Anm. 1) — wird die Anfechtung der Entscheidungen der Wahlleitung nur darauf gestützt werden können, daß das Wahlergebnis durch die angefochtene Entscheidung beeinflußt worden ist (vgl. § 4 Anm. 3).

§ 25.

Ungültigkeit der Wahl.

Die Wahl ist ungültig, wenn gegen wesentliche Vorschriften über das Wahlverfahren verstoßen und weder eine nachträgliche Ergänzung [2]) möglich noch nachgewiesen ist, daß durch den Verstoß das Wahlergebnis nicht verändert werden konnte [1]) [2]).

1) **Wesentliche Mängel,** von denen jeder für sich die Ungültigkeit der ganzen Wahl zur Folge haben kann, liegen z. B. vor, wenn

a) Nichtwahlberechtigte zur Wahl zugelassen worden sind (§ 2, vgl. § 7 Anm. 3, § 13 Anm. 1);

b) die Frist zur Einreichung der Vorschlagslisten oder für den Einspruch zu kurz bemessen worden ist (§ 6 Anm. 5);

c) das Wahlausschreiben nicht ordnungsmäßig, insbesondere zu spät veröffentlicht worden ist (§ 6 Anm. 2b, Anm. 7, 8) oder in ihm der Hinweis auf die Bindung der Stimmabgabe an die Vorschlagslisten (§ 6 Abs. 2 Satz 1) fehlt;

d) Ort oder Zeit der Stimmabgabe unzutreffend oder unzureichend bekannt gemacht worden ist (§ 6 Anm. 4, 7);

e) ungültige Vorschlagslisten zur Abstimmung zugelassen worden sind (§ 9 Anm. 3);

f) die zugelassenen Vorschlagslisten nicht oder nicht ordnungsmäßig ausgelegt worden sind (§ 9 Satz 3);

g) die Geheimheit der Wahl bei der Stimmabgabe verletzt worden ist (§ 13 Anm. 7);

h) das Wahlergebnis so mangelhaft festgestellt worden ist, daß dadurch die Zuverlässigkeit seiner Feststellung in Frage gestellt ist und wenn auf Grund der abgegebenen Stimmzettel eine neue, einwandfreie Feststellung nicht mehr möglich ist (§§ 14 bis 19 der Wahlordnung).

Das Vorliegen eines Verstoßes gegen wesentliche Verfahrensvorschriften genügt aber noch nicht zur Begründung der Ungültigkeit der Wahl. Es muß vielmehr unter Würdigung sämtlicher Umstände geprüft werden, ob der Verstoß auf das Ergebnis der Wahl von Einfluß sein konnte, so daß der Wählerwille nicht einwandfrei zum Ausdruck gekommen ist, und nur im Falle der Bejahung dieser Frage ist die Wahl aufzuheben (Entsch. des RVA. v. 20. 12. 1913, AN. 1914 S. 488; Entsch. des Sächsischen Landesversicherungsamts v. 22. 5. 1914, Grundsätzliche Entsch. dieses Amtes Bd. I S. 128). Ist die Möglichkeit nicht von der Hand zu weisen, daß ohne den Verstoß auch nur ein einer anderen Vorschlagsliste angehörender Vertreter hätte gewählt werden können, so muß die Wahl aufgehoben werden.

Die Prüfung der Frage, **ob durch einen Verstoß im Wahlverfahren das Wahlergebnis beeinflußt sein kann**, ist oft nur auf Grund schwieriger Berechnungen möglich. Ein einfaches Beispiel sei hier angeführt: Sind 4 Wähler unberechtigterweise von der Abstimmung zurückgewiesen worden, und sind zwei Vorschlagslisten (I und II) zur Abstimmung zugelassen worden, so müssen die 4 Stimmen zunächst der für Liste I ermittelten Stimmenzahl zugerechnet werden und ist auf Grund dieser Unterstellung und auf Grund der der Liste II tatsächlich zugefallenen Stimmenzahl das Wahlergebnis zu berechnen. In einer zweiten Berechnung werden die 4 Stimmen in gleicher Weise für die Liste II berücksichtigt. Weichen die beiden errechneten Ergebnisse voneinander ab, so ist der Einfluß des bezeichneten Mangels des Wahlverfahrens auf das Wahlergebnis dargetan. Andernfalls ist ein solcher Einfluß zu verneinen (Entsch. des RVA. v. 28. 7. 1914, II K 882, und v. 13. 6. 1914, AN. 1914 S. 600).

2) **Aufhebung der Wahl.** Aus den Worten „. . . weder eine nachträgliche Ergänzung möglich" ergibt sich, daß bei einer Aufhebung der Wahl nicht stets das gesamte Wahlverfahren, sondern nur der fehlerhafte Teil wiederholt zu werden braucht. Auch die Bestimmung im § 24 Abs. 3, daß „alsbald ein neues Wahlverfahren einzuleiten ist", steht dem nicht entgegen. Der Verfasser nimmt an, daß eine nur teilweise Aufhebung, also z. B. eine Aufhebung der Feststellung des Wahlergebnisses oder eine Aufhebung der mangelhaften Abstimmung unter Aufrechterhaltung der einwandfrei zustande gekommenen Vorschlagslisten einschließlich oder ausschließlich des Prüfungsverfahrens zulässig ist. Für diese Auffassung spricht, daß auch in zahlreichen anderen Wahlordnungen eine „Ergänzung" des Verfahrens ausdrücklich für möglich erklärt ist; demselben Standpunkt scheint auch das RVA. zuzuneigen, das in einem Falle, in welchem es die Wahl wegen mangelhafter Prüfung der eingegangenen Vorschlagslisten für ungültig erklärt hat, die Wiederholung des gesamten Wahlverfahrens aus der Erwägung angeordnet hat, daß seit Aufstellung der Listen bereits ein erheblicher Zeitraum verstrichen war (Entsch. des RVA. v. 9. 5. 1914, AN. 1914 S. 598). Eine solche erhebliche Zwischenzeit rechtfertigt die Aufhebung des gesamten Wahlverfahrens meist deshalb, weil die Wählbarkeit und die sonstigen persönlichen, von den Wählern bewerteten Eigenschaften der Bewerber insbesondere bei umfangreichen Listen Veränderungen unterworfen sind. Dies wird in erhöhtem Maße in den für den vater-

ländischen Hilfsdienst tätigen Betrieben der Fall sein. Will die zur Entscheidung über die Anfechtung berufene Stelle nur einen Teil des gesamten Wahlverfahrens aufheben, so hat sie dies in der Entscheidung auszusprechen.

§ 26.

Ungültige Wahl einer Person[1]).

Ungültig ist die Wahl einer Person, die zur Zeit der Wahl nicht wählbar war und auch die Wählbarkeit nicht inzwischen erlangt hat.

Ungültig ist die Wahl einer Person, von der oder zu deren Gunsten von Dritten die Wahl rechtswidrig (zu vgl. insbesondere §§ 107 bis 109, 240, 339 des Reichsstrafgesetzbuches) oder durch Gewährung oder Versprechung von Geschenken beeinflußt worden ist, es sei denn, daß dadurch das Wahlergebnis nicht verändert werden konnte.

Die Absätze 2 und 3 des § 22 gelten entsprechend.

1) **Personen, deren Wahl ungültig ist,** werden so behandelt, als ob sie auf der Vorschlagsliste überhaupt nicht gestanden hätten; vgl. Muster 4 Abs. 6, 7.

VI. Ersatz und Stellvertretung von Ausschußmitgliedern.

§ 27.

Scheiden Ausschußmitglieder während der Amtsdauer des Ausschusses, insbesondere wegen Verlustes der Wählbarkeit aus[1]), so tritt derjenige von den gewählten Ersatzmännern ein, welcher der gleichen Vorschlagsliste wie der Ausgeschiedene angehört und auf dieser Liste unter den Ersatzmännern an höchster Stelle steht (§ 18)[3])[4])[5]).

Sind auf einer Vorschlagsliste Ersatzmänner nicht mehr vorhanden (Abs. 1), so tritt der Ersatzmann aus derjenigen anderen Liste ein, welche die größte Höchstzahl für einen noch nicht eingetretenen Ersatzmann aufweist[3])[4])[5]).

Können Ersatzmänner nicht oder nicht mehr gemäß Abs. 1 und 2 herangezogen werden, so haben die auf Grund des § 11 Abs. 1 Satz 2, Abs. 2 Satz 3, §§ 20, 22 berufenen Ersatzmänner in der festgesetzten Reihenfolge einzutreten.

Diese Bestimmungen gelten auch für den Eintritt der Ersatzmänner als Stellvertreter[2])[3])[4])[5]).

1) **Verlust der Mitgliedschaft im Ausschuß,** wenn ein Ausschußmitglied aus der Beschäftigung im Betrieb oder in der Betriebsabteilung ausscheidet. Das Gleiche gilt für die Ersatzmänner. Im Falle des Ausscheidens eines Ausschußmitglieds tritt ein Ersatzmann ein. (§ 4 Abs. 1 der Ausf.Best.) — Ob ein Ausschußmitglied oder ein Ersatzmann als ausgeschieden anzusehen ist, richtet sich nach den tatsächlichen Verhältnissen. Einberufung zur Fahne wird wohl immer das Ausscheiden herbeiführen.

2) **Der Stellvertreter** tritt im Falle der zeitweiligen Behinderung eines Ausschußmitgliedes ein (§ 4 Abs. 1 Satz 2, § 6 Satz 1 der Ausf.Best.).

3) **Beispiel für das Einrücken der Ersatzmänner und Stellvertreter.** Im Falle des im Anhang unter Nr. 4 angeführten Beispiels treten also beim Wegfall der Ausschußmitglieder A, B und C aus Liste I die Ersatzmänner D, E, F aus Liste I nacheinander, und, sobald auch diese wegfallen sollten, die Ersatzmänner G und H aus Liste I und Ersatzmann T aus Liste II nacheinander ein.

Würden nacheinander auch noch H aus Liste I, R und T aus Liste II und S aus Liste III wegfallen, so hätten nacheinander U, V, W aus Liste II und g aus Liste III einzutreten.

4) **Weiteres Beispiel.** Ist ein Ersatzmann als Stellvertreter für ein zeitweilig verhindertes Ausschußmitglied eingetreten, so schließt das nicht aus, daß er unmittelbar darauf für ein ausgeschiedenes Mitglied eintritt; für das nur zeitweilig verhinderte Mitglied ist dann ein anderer Stellvertreter aus den übrigen Ersatzmännern zu entnehmen. Wäre also im Falle des im Anhang unter Nr. 4 angeführten Beispiels zuerst Ersatzmann D aus Liste I als Stellvertreter für das verhinderte Ausschußmitglied A aus Liste I eingetreten und fiele noch während dieser Stellvertretung Mitglied B aus Liste I weg, so hätte D in die frei gewordene Mitgliedstelle für B einzurücken und Ersatzmann E aus Liste I als Stellvertreter für A einzutreten.

5) **Streit über das Einrücken der Ersatzmitglieder und über die Zuziehung der Stellvertreter** wird nach § 8 der Ausführungsbestimmungen entschieden.

VII. Schlußbestimmung.

§ 28.

Aufbewahrung der Wahlakten. Kosten.

Die Wahlakten werden von den Arbeiterausschüssen und den Angestelltenausschüssen bis zur Beendigung ihrer Amtsdauer aufbewahrt.

Die sächlichen Kosten [1]) (Beschaffung der Wahlordnung, der Wahlumschläge, der erforderlichen Stimmzettelkästen usw.) trägt der Betriebsunternehmer.

1) **Wegen der Portokosten für Übersendung von Wahlumschlägen** vgl. § 21 Anm. 3.

C. Anhang.

Inwieweit der Betriebsunternehmer, der Wahlleiter und der Wahlvorstand von den folgenden Mustern Gebrauch machen wollen, bleibt ihnen überlassen.

1. Muster zum Wahlausschreiben (§ 6 der Wahlordnung)[1].

Ausgehängt am

. . . .

abgenommen am . . .

Wahlausschreiben

für die Wahl des Arbeiter-[Angestellten-]Ausschusses für (Bezeichnung des Betriebs oder der Betriebsabteilung).

Gemäß § 11 des Gesetzes über den vaterländischen Hilfsdienst vom 5. Dezember 1916 und nach den hierzu ergangenen Bestimmungen des Ministers für Handel und Gewerbe ist von den volljährigen männlichen und weiblichen Arbeitern [nach dem Versicherungsgesetze für Angestellte versicherungspflichtigen Angestellten] des Betriebs (der Betriebsabteilung), soweit sie die deutsche Reichsangehörigkeit besitzen, ein aus ... Mitgliedern bestehender Arbeiter-[Angestellten-]Ausschuß aus ihrer Mitte zu wählen.

Für die Ausschußmitglieder sind im ganzen . . . . . Ersatzmänner zu wählen.

[2]) Wählbar sind volljährige männliche und weibliche Arbeiter [nach dem Versicherungsgesetze für Angestellte versicherungspflichtige Angestellte] des Betriebs (der Betriebsabteilung). Wählbar ist nicht, wer die deutsche Reichsangehörigkeit nicht besitzt.

Gemäß § 6 der den Bestimmungen des Ministers für Handel und Gewerbe beigefügten Wahlordnung werden die Wahlberechtigten aufgefordert, bis zum . . . . Vorschlagslisten bei dem unterzeichneten Wahlleiter (Vorsitzenden des Wahlvorstandes) einzureichen. Vorschlagslisten, die später eingehen oder die nicht von mindestens drei Wahlberechtigten unterzeichnet sind, sind ungültig.

Jede Vorschlagsliste soll wenigstens so viel wählbare Bewerber benennen, wie Ausschußmitglieder und Ersatzmänner zu wählen sind. Die einzelnen Bewerber sind unter fortlaufender Nummer oder in sonst erkennbarer Reihenfolge aufzuführen und nach Familien- und Vor-(Ruf-)Namen, Beruf und Wohnort zu bezeichnen.

Die zugelassenen Vorschlagslisten werden vom . . . . bis zum . . . . täglich von . . . . bis . . . . Uhr in . . . . zur Einsicht der Wähler ausliegen.

Die Wählerliste liegt vom . . . . bis zum . . . . . . täglich von . . . . bis . . . . Uhr . . . . zur Einsicht aus. Einsprüche gegen die Wählerliste sind zur Vermeidung des Ausschlusses spätestens am . . . . bei dem unterzeichneten Wahlleiter (Vorsitzenden des Wahlvorstandes) anzubringen.

Die Stimmabgabe über die zugelassenen Vorschlagslisten findet an den Tagen vom . . . . bis zum . . . . . in . . . . . . statt. Jeder Wahlberechtigte darf nur für eine der zugelassenen Vorschlagslisten stimmen. Der Wähler, der von seinem Wahlrecht Gebrauch machen will, hat seinen Stimmzettel an einem der oben bezeichneten Tage während der Zeit von . . . . bis . . . . Uhr in einem Wahlumschlag abzugeben, den er (z. B. an den Auslegungsstellen der Vorschlagslisten während der Zeit ihrer Auslegung) erhält.

Ein Abdruck der Wahlordnung liegt bis zum Schlusse der Stimmabgabe täglich von . . . bis . . . . Uhr in . . . . zur Einsicht aus.

. . . . , den . . . .

Der Wahlleiter

. . . .

Der Wahlvorstand

. . . .

Vorsitzender Beisitzer.

1) **(Amtliche Anmerkung:)** Für jede Ausschußwahl bedarf es eines besonderen Wahlausschreibens (zu vgl. § 4 Abs. 1 und 2 der Wahlordnung).

2) **(Amtliche Anmerkung:)** Satz 2 dieses Absatzes wird wegzulassen sein, wenn sein Inhalt nach Lage der Verhältnisse nicht in Betracht kommt.

---

2. Muster für die Bekanntmachung nach § 11 Abs. 1 Satz 1 der Wahlordnung.

Ausgehängt am

. . . .

abgenommen am . . .

Nachfrist

für die Einreichung von Vorschlagslisten zur Wahl des Arbeiter-[Angestellten-]Ausschusses für (Bezeichnung des Betriebs oder der Betriebsabteilung).

Durch Wahlausschreiben vom . . . . sind die Wahlberechtigten aufgefordert worden, für die Wahl des Arbeiter-[Angestellten-]Ausschusses bis zum . . . . Vorschlagslisten bei dem unterzeichneten Wahlleiter (Vorsitzenden des Wahlvorstandes) einzureichen.

Da eine gültige Vorschlagsliste bis zu dem oben angegebenen Tage nicht eingegangen ist, wird die Frist zur Einreichung von Vorschlagslisten gemäß § 11 Abs. 2 Satz 1 der Wahlordnung bis zum Ablauf des . . . . verlängert.

Geht auch bis dahin eine gültige Vorschlagsliste nicht ein, so hat gemäß § 11 Abs. 1 Satz 2 der Wahlordnung der Wahlleiter (Wahlvorstand) die Ausschußmitglieder und Ersatzmänner zu berufen.

. . . ., den . . . .

Der Wahlleiter

. . . .

Der Wahlvorstand

. . . .

Vorsitzender Beisitzer.

---

3. Muster zur Vorschlagsliste (§ 8 der Wahlordnung).

Vorschlagsliste.

Als Mitglieder des Arbeiter-[Angestellten-]Ausschusses für (Bezeichnung des Betriebs oder der Betriebsabteilung), gegebenenfalls als Ersatzmänner, werden vorgeschlagen:

Lfde. Nr.	Familien- und Vor-(Ruf-)Name	Beruf	Wohnort (bei größeren Orten Straße u. Hausnummer)

(Unterschriften:)

1. . . . ., Listenvertreter.
2. . . . .
3. . . . .

---

4. Muster zur Berechnung des Wahlergebnisses und für die Niederschrift (§ 19 Abs. 1 und 3 der Wahlordnung) [1].

. . . ., den . . . . 1917.

Von dem unterzeichneten Wahlleiter (Wahlvorstande) für die Wahl der Arbeiter-[Angestellten-]Ausschusses für (Bezeichnung des Betriebs oder der Betriebsabteilung) wurde heute nach Öffnung des Stimmzettelkastens (durch den Vorsitzenden und den Beisitzer X) auf Grund der aus den Wahlumschlägen entnommenen Stimmzettel folgendes festgestellt:

Es sind insgesamt 240 gültige Stimmzettel abgegeben worden. 20 Stimmzettel wurden für ungültig erklärt. Von den 240 gültigen Stimmen sind 120 auf Liste I, 80 auf Liste II und 40 auf Liste III entfallen. Zu wählen sind 5 Ausschußmitglieder und 10 Ersatzmänner.

Als Bewerber sind benannt auf:

	Liste I	Liste II	Liste III
1	A 1 (120) [2]	A	S 4 (40)
2.	B 3 (60)	R 2 (80)	g 12 (20)
3.	C 5 (40)	S	h
4.	D 7 (30)	T 6 (40)	i
5.	E 9 (24)	U 8 ($26^2/_3$)	k
6.	F 10 (20)	V 11 (20)	l
7.	G 13 ($17^1/_7$)	W 14 (16)	m
8.	H 15 (15)	X	n
9.	J	Y	o
10.	K	Z	p
11.	L	a	q
12.	M	b	r
13.	N	c	s
14.	O	d	t
15.	P	e	u

Die auf die einzelnen Listen entfallenen Stimmenzahlen werden durch 1, 2, 3, 4 usw. geteilt. ((Die Teilung ist fortzusetzen, bis anzunehmen ist, daß höhere Zahlen, als aus den früheren Reihen für die Stellenverteilung in Betracht kommen, nicht mehr entstehen)) [3]. Das Ergebnis zeigt folgende Tafel. In ihr sind die für die Stellenverteilung in Betracht kommenden 15 Höchstzahlen mit kleinen, ihre Reihenfolge bezeichnenden Ziffern versehen:

	Liste I	Liste II	Liste III
:1	120 **1**	80 **2**	40 **4**
:2	60 **3**	40 **6**	20 **12**
:3	40 **5**	$26^2/_3$ **8**	$13^1/_3$
:4	30 **7**	20 **11**	10
:5	24 **9**	16 **14**	8
:6	20 **10**	$13^1/_3$	$6^2/_3$
:7	$17^1/_7$ **13**	$11^3/_7$	$5^5/_7$
:8	15 **15**	10	5

Die Reihenfolge der auf allen Vorschlagslisten vorhandenen Höchstzahlen 40 und 20 ist durch das Los (zu vgl. § 16 Abs. 1 Satz 3 der Wahlordnung) bestimmt worden. Zu diesem Zwecke sind gleiche Zettel mit den Aufschriften I, II, III geschnitten, vermischt und dann verdeckt gezogen worden. Bei Auslosung der

Reihenfolge der Höchstzahl 40 wurde zuerst der Zettel mit der Zahl III, dann der mit der Zahl I und schließlich der mit der Zahl II gezogen. Bei Auslosung der Reihenfolge der Höchstzahl 20 wurde zuerst Zettel I, dann Zettel II und zuletzt Zettel III gezogen. ((Die an zweiter oder dritter Stelle ausgeloste Liste fällt mit der auf mehrere Listen entfallenen gleichen Höchstzahl nicht ohne weiteres aus, sondern tritt nur hinter die zuvor ausgeloste Liste. Die später ausgeloste Liste fällt nur dann aus, wenn alle Mitglieder- und Ersatzmännerstellen verteilt sind))[3].

Der auf den Listen I und II benannte A gilt nach § 17 Satz 2, 3 der Wahlordnung als gewählt auf Grund der Liste I, auf der ihm die größte Höchstzahl zugefallen ist. ((Liste II wird so behandelt, als ob A überhaupt nicht auf ihr gestanden hätte. Die erste Höchstzahl (80) der Liste II entfällt demnach auf den nächsten Bewerber, also auf R))[3].

Der auf den Listen II und III benannte S gilt als gewählt auf Grund der Liste III. ((Auf die Listen II und III sind zwar die gleichen noch nicht für die Stellenbesetzung verbrauchten Höchstzahlen 40 entfallen. Ihre Reihenfolge ist aber bereits durch das Los so festgesetzt, daß die Höchstzahl 40 aus Liste III der Höchstzahl 40 aus Liste II vorgeht (§ 16 Abs. 1 Satz 3, § 17 Satz 2 der Wahlordnung). Liste II wird so behandelt, als ob S (ebenso wie A) gar nicht auf dieser Liste gestanden hätte. Die Höchstzahl 40 der Liste II entfällt daher nunmehr auf den nächstfolgenden Bewerber, also auf T))[3].

Hiernach sind gewählt:

aus Liste	I	3 Ausschußmitglieder,	nämlich:	A, B, C,
		5 Ersatzmänner,	"	D, E, F, G, H;
" "	II	1 Ausschußmitglied,	"	R,
		4 Ersatzmänner,	"	T, U, V, W;
" "	III	1 Ausschußmitglied,	"	S,
		1 Ersatzmann,	"	g.

. . . . , den . . . .

Der Wahlleiter

. . . .

Der Wahlvorstand

. . . .

Vorsitzender Beisitzer.

1) Dieses **Muster 4** ist an Stelle des auf S. 41/42 des Handelsministerialblattes für 1917 abgedruckten Musters getreten, das einige sinnentstellende Druckfehler enthielt und auch weniger ausführlich gehalten war (vgl. Ministerialblatt der Handels- und Gewerbeverwaltung 1917 S. 99ff.).

2) **(Amtliche Anmerkung:)** In der Zusammenstellung der Vorschlagslisten sollen die neben die Namen der Gewählten gesetzten kleinen Ziffern das Ergebnis der Höchstzahlenberechnung und der Auslosung anschaulicher machen. Die eingeklammerten Ziffern sind die auf die einzelnen Listen entfallenen, für die Stellenbesetzung in Betracht kommenden Höchstzahlen, die davorstehenden, nicht eingeklammerten Ziffern geben die Reihenfolge der Höchstzahlen wieder.

3) **(Amtliche Anmerkung:)** Die doppelt eingeklammerten Worte sind durchweg nur als Erläuterung des Musters 4 gedacht.

4a. Weitere, nicht amtlich veröffentlichte Beispiele zu Muster 4.

Das Beispiel im Muster 4 geht, um verschiedene Möglichkeiten gleichzeitig zu erfassen, davon aus, daß einzelne Bewerber auf verschiedenen Listen benannt (§ 17 Satz 2 erster Halbsatz), und daß gleiche Höchstzahlen (§ 16 Abs. 1 Satz 1) nicht nur auf verschiedene Listen (§ 16 Abs. 1 Satz 3), sondern auch auf gleiche Bewerber in verschiedenen Listen (§ 17 Satz 2 zweiter Halbsatz) entfallen sind.

Die Regel dürfte dagegen — sofern die Wahlberechtigten sich nicht auf eine gemeinsame Liste einigen, § 11 Abs. 2 Satz 1 — sein, daß jede Liste andere Bewerber benennt und daß gleiche Höchstzahlen auf verschiedenen Listen nicht vorkommen. Deshalb sei für den Regelfall folgendes

2. Beispiel

mitgeteilt:

Es sind insgesamt 75 gültige Stimmzettel abgegeben worden. 5 Stimmzettel wurden für ungültig erklärt. Von den 75 gültigen Stimmen sind 50 auf Liste I, 17 auf Liste II, 8 auf Liste III entfallen. Zu wählen sind 5 Ausschußmitglieder und 10 Ersatzmänner.

Als Bewerber sind benannt auf:

	Liste I	Liste II	Liste III
1.	A 1 (50)	Q 3 (17)	f 9 (8)
2.	B 2 (25)	R 7 ($8^1/_2$)	g
3.	C 4 ($16^2/_3$)	S 12 ($5^2/_3$)	h

	Liste I	Liste II	Liste III
4.	D 5 ($12^1/_2$)	T	i
5.	E 6 (10)	U	k
6.	F 8 ($8^1/_3$)	V	l
7.	G 10 ($7^1/_7$)	W	m
8.	H 11 ($6^1/_4$)	X	n
9.	J 13 ($5^5/_9$)	Y	o
10.	K 14 (5)	Z	p
11.	L 15 ($4^6/_{11}$)	a	q
12.	M	b	r
13.	N	c	s
14.	O	d	t
15.	P	e	u

Die Berechnung der Höchstzahlen nach § 16 Abs. 1 zeigt folgende Tafel:

	Liste I		Liste II		Liste III	
:1	50	1	17	3	8	9
:2	25	2	$8^1/_2$	7	4	
:3	$16^2/_3$	4	$5^2/_3$	12	$2^2/_3$	
:4	$12^1/_2$	5	$4^1/_4$		2	
:5	10	6	$3^2/_5$		$1^3/_5$	
:6	$8^1/_3$	8	$2^5/_6$		$1^1/_3$	
:7	$7^1/_7$	10	$2^3/_7$		$1^1/_7$	
:8	$6^1/_4$	11	$2^1/_8$		1	
:9	$5^5/_9$	13	$1^8/_9$		$^8/_9$	
:10	5	14	$1^7/_{10}$		$^8/_{10}$	
:11	$4^6/_{11}$	15	$1^6/_{11}$		$^8/_{11}$	

Hiernach sind gewählt:

aus Liste I 4 Ausschußmitglieder, nämlich A, B, C, D,
7 Ersatzmänner, " E, F, G, H, J, K, L;
" " II 1 Ausschußmitglied, " Q,
2 Ersatzmänner, " R, S;
" " III 1 Ersatzmann, " f.

Die Anwendung des § 16 Abs. 2 zeigt folgendes

3. Beispiel.

Enthielte in dem obigen 2. Beispiel Liste I nur die ersten 8 Bewerber (A bis H), also weniger Bewerber, als Höchstzahlen auf sie entfallen, ein Fall, der vorkommen kann, so würde gemäß § 16 Abs. 2 die 13. Stelle auf die Höchstzahl $4^1/_4$ der Liste II, die 14. Stelle auf die Höchstzahl 4 der Liste III, die 15. Stelle auf die Höchstzahl $3^2/_5$ der Liste II übergehen.

Es wären also in diesem Falle gewählt:

aus Liste	I	4 Ausschußmitglieder,	nämlich	A, B, C, D,
		4 Ersatzmänner,	„	E, F, G, H;
„ „	II	1 Ausschußmitglied,	„	Q,
		4 Ersatzmänner,	„	R, S, T, U;
„ „	III	2 Ersatzmänner,	„	f, g.

5. Muster zur Mitteilung an die Gewählten oder Berufenen (§ 22 der Wahlordnung).

Fassung 1 (Wahl):

. . . . , den . . . . 1917.

Sie sind zum Mitglied [Ersatzmann] des Arbeiter- [Angestellten-] Ausschusses für (Bezeichnung des Betriebs oder der Betriebsabteilung) gewählt.

Falls Sie nicht binnen einer Woche nach Empfang dieser Mitteilung dem Unterzeichneten die Erklärung einreichen, daß Sie die Wahl ablehnen, gilt Ihre Wahl als angenommen.

Der Wahlleiter. (Der Vorsitzende des Wahlvorstandes.)

. . . .

Fassung 2 (Berufung):

. . . . , den . . . . 1917.

Als Wahlleiter (Der Wahlvorstand) für die Wahl des Arbeiter- [Angestellten-] Ausschusses für (Bezeichnung des Betriebs oder der Betriebsabteilung) berufe ich (hat beschlossen,) Sie zum Mitglied [Ersatzmann] dieses Ausschusses (zu berufen).

Falls Sie nicht binnen einer Woche nach Empfang dieser Mitteilung dem Unterzeichneten die Erklärung einreichen, daß Sie die Berufung ablehnen, gilt Ihre Berufung als angenommen.

Der Wahlleiter. (Der Vorsitzende des Wahlvorstandes.)

. . . .

6. Muster zur Bekanntmachung des Wahlergebnisses (§ 23 der Wahlordnung).

Fassung 1 (eine gültige Vorschlagsliste liegt nicht vor):

Ausgehängt am . . . . .
abgenommen am . . . . .

Bekanntmachung.

Mangels einer gültigen Vorschlagsliste sind zu Mitgliedern des Arbeiter-[Angestellten-]Ausschusses für (Bezeichnung des Betriebs oder der Betriebsabteilung) berufen worden:

1 . . . . in . . . .
2 bis 5 usw. . . . .

Zu Ersatzmännern sind berufen worden:

1 . . . .
2 bis 10 usw. . . . .

. . . ., den . . . . 1917.

Der Wahlleiter
. . . .

Der Wahlvorstand
. . . .
Vorsitzender   Beisitzer.

Fassung 2 (nur eine gültige Vorschlagsliste liegt vor):

Ausgehängt am . . . . .
abgenommen am . . . . .

Bekanntmachung.

Für die Wahl des Arbeiter-[Angestellten-]Ausschusses für (Bezeichnung des Betriebs oder der Betriebsabteilung) ist nur eine gültige Vorschlagsliste eingereicht worden. Gemäß § 11 Abs. 2 Satz 1 der Wahlordnung gelten daher als gewählt:

als Ausschußmitglieder:

1 . . . . in . . . .
2 bis 5 usw. . . . .

als Ersatzmänner:

1 . . . . in . . . .
2 bis 10 usw. . . . .

. . . ., den . . . . 1917.

Der Wahlleiter
. . . .

Der Wahlvorstand
. . . .
Vorsitzender Beisitzer.

Fassung 3 (mehrere gültige Vorschlagslisten liegen vor):

Ausgehängt am .....
abgenommen am .....

Bekanntmachung.

Bei der Wahl des Arbeiter-[Angestellten-]Ausschusses für (Bezeichnung des Betriebs oder der Betriebsabteilung) sind insgesamt 240 gültige Stimmen abgegeben worden.

Von diesen Stimmen entfallen auf:

Liste I . . . . 120 Stimmen,
Liste II . . . . 80 Stimmen,
Liste III . . . . 40 Stimmen.

Es sind hiernach gewählt:

Aus Liste I als Ausschußmitglieder:

1 . . . . in . . . .,
2 bis 3 usw. . . . .;

als Ersatzmänner:

1 . . . . in . . . .,
2 bis 5 usw. . . . .;

aus Liste II als Ausschußmitglied: . . . in . . . .;

als Ersatzmänner:

1 . . . . in . . . .,
2 bis 4 usw. . . . .;

aus Liste III als Ausschußmitglied: . . . . in . . . . .;

als Ersatzmann: . . . . in . . . . .

. . . ., den . . . . 1917.

Der Wahlleiter

. . . .

Der Wahlvorstand

. . . .

Vorsitzender Beisitzer.

7. Gesetz über den vaterländischen Hilfsdienst vom 5. Dezember 1916 (Reichs-Gesetzblatt Seite 1333 ff.).

Wir Wilhelm, von Gottes Gnaden Deutscher Kaiser, König von Preußen ꝛc. verordnen im Namen des Reichs, nach erfolgter Zustimmung des Bundesrats und des Reichstags, was folgt:

§ 1.

Jeder männliche Deutsche vom vollendeten siebzehnten bis zum vollendeten sechzigsten Lebensjahre ist, soweit er nicht zum Dienste in der bewaffneten Macht einberufen ist, zum vaterländischen Hilfsdienst während des Krieges verpflichtet.

§ 2.

Als im vaterländischen Hilfsdienst tätig gelten alle Personen, die bei Behörden, behördlichen Einrichtungen, in der Kriegsindustrie, in der Land- und Forstwirtschaft, in der Krankenpflege, in kriegswirtschaftlichen Organisationen jeder Art oder in sonstigen Berufen oder Betrieben, die für Zwecke der Kriegführung oder der Volksversorgung unmittelbar oder mittelbar Bedeutung haben, beschäftigt sind, soweit die Zahl dieser Personen das Bedürfnis nicht übersteigt.

Hilfsdienstpflichtige, die vor dem 1. August 1916 in einem land- und forstwirtschaftlichen Betriebe tätig waren, dürfen aus diesem Berufe nicht zum Zwecke der Überweisung in eine andere Beschäftigung im vaterländischen Hilfsdienst herausgezogen werden.

§ 3.

Die Leitung des vaterländischen Hilfsdienstes liegt dem beim Königlich Preußischen Kriegsministerium errichteten Kriegsamt ob.

§ 4.

Über die Frage, ob und in welchem Umfang die Zahl der bei einer Behörde beschäftigten Personen das Bedürfnis übersteigt, entscheidet die zuständige Reichs- oder Landeszentralbehörde im Einvernehmen mit dem Kriegsamt. Über die Frage, was als behördliche Einrichtung anzusehen ist, sowie ob und in welchem Umfang die Zahl der bei einer solchen beschäftigten Personen das Bedürfnis übersteigt, entscheidet das Kriegsamt nach Benehmen mit der zuständigen Reichs- oder Landeszentralbehörde.

Im übrigen entscheiden über die Frage, ob ein Beruf oder Betrieb im Sinne des § 2 Bedeutung hat, sowie ob und in welchem Umfang die Zahl der in einem Beruf, einer Organisation oder einem Betriebe tätigen Personen das Bedürfnis übersteigt, Ausschüsse, die für den Bezirk jedes Stellvertretenden Generalkommandos oder für Teile des Bezirkes zu bilden sind.

§ 5.

Jeder Ausschuß (§ 4 Abs. 2) besteht aus einem Offizier als Vorsitzenden, zwei höheren Staatsbeamten, von denen einer der Gewerbeaufsicht angehören soll, sowie aus je zwei Vertretern der Arbeitgeber und der Arbeitnehmer. Den Offizier sowie die Vertreter der Arbeitgeber und Arbeitnehmer bestellt das Kriegsamt, in Bayern, Sachsen und Württemberg das Kriegsministerium, dem in diesen Bundesstaaten auch im übrigen der Vollzug des Gesetzes im Einvernehmen mit dem Kriegsamt zukommt. Die höheren Staatsbeamten beruft die Landeszentralbehörde oder die von ihr zu bestimmende Behörde. Erstreckt sich der Bezirk eines Stellvertretenden Generalkommandos auf die Gebiete mehrere Bundesstaaten, so werden die Beamten von den zuständigen Behörden dieser Bundesstaaten berufen; bei den Entscheidungen des Ausschusses wirken die Beamten des Bundesstaats mit, dem der Betrieb, die Organisation oder der Berufausübende angehört.

§ 6.

Gegen die Entscheidung des Ausschusses (§ 4 Abs. 2) findet Beschwerde an die beim Kriegsamt einzurichtende Zentralstelle statt, die aus zwei Offizieren des Kriegsamts, von denen der eine den Vorsitz führt, zwei vom Reichskanzler ernannten Beamten und einem von der Zentralbehörde des Bundesstaats zu ernennenden Beamten, dem der Betrieb, die Organisation oder der Berufausübende angehört, sowie je einem Vertreter der Arbeitgeber und der Arbeitnehmer besteht; für die Bestellung dieser Vertreter gilt § 5 Satz 2. Werden Marineinteressen berührt, so ist einer der Offiziere vom Reichs-Marineamte zu bestellen. Bei Beschwerden gegen Entscheidungen bayerischer, sächsischer oder württembergischer Ausschüsse ist einer der Offiziere von dem Kriegsministerium des beteiligten Bundesstaats zu bestellen.

§ 7.

Die nicht im Sinne des § 2 beschäftigten Hilfsdienstpflichtigen können jederzeit zum vaterländischen Hilfsdienst herangezogen werden.

Die Heranziehung erfolgt in der Regel zunächst durch eine Aufforderung zur freiwilligen Meldung, die das Kriegsamt oder eine durch Vermittlung der Landeszentralbehörde zu bestimmende Stelle erläßt. Wird dieser Aufforderung nicht in ausreichendem Maße entsprochen, so wird der einzelne Hilfsdienstpflichtige durch besondere schriftliche Aufforderung eines Ausschusses herangezogen, der in der Regel für jeden Bezirk einer Ersatzkommission zu bilden ist und aus einem Offizier als Vorsitzenden, einem höheren Beamten und je zwei Vertretern der Arbeitgeber und der Arbeitnehmer besteht. Bei Stimmengleichheit gibt die Stimme des Vorsitzenden den Ausschlag. Für die Bestellung des Offiziers sowie der Vertreter der Arbeitgeber und der Arbeinehmer gilt § 5 Satz 2; den höheren Beamten beruft die Landeszentralbehörde oder die von ihr zu bestimmende Behörde.

Jeder, dem die besondere schriftliche Aufforderung zugegangen ist. hat bei einer der nach § 2 in Frage kommenden Stellen Arbeit zu suchen. Soweit hierdurch eine Beschäftigung binnen zwei Wochen nach Zustellung der Aufforderung nicht herbeigeführt wird, findet die Überweisung zu einer Beschäftigung durch den Ausschuß statt.

Über Beschwerden gegen die Überweisung entscheidet der bei dem

Stellvertretenden Generalkommando gebildete Ausschuß (§ 4 Abs. 2). Die Beschwerde hat keine aufschiebende Wirkung.

§ 8.

Bei der Überweisung zur Beschäftigung ist auf das Lebensalter, die Familienverhältnisse, den Wohnort und die Gesundheit sowie auf die bisherige Tätigkeit des Hilfsdienstpflichtigen nach Möglichkeit Rücksicht zu nehmen; desgleichen ist zu prüfen, ob der in Aussicht gestellte Arbeitslohn dem Beschäftigten und etwa zu versorgenden Angehörigen ausreichenden Unterhalt ermöglicht.

§ 9.

Niemand darf einen Hilfsdienstpflichtigen in Beschäftigung nehmen, der bei einer der im § 2 bezeichneten Stellen beschäftigt ist oder in den letzten zwei Wochen beschäftigt gewesen ist, sofern der Hilfsdienstpflichtige nicht eine Bescheinigung seines letzten Arbeitgebers darüber beibringt, daß er die Beschäftigung mit dessen Zustimmung aufgegeben hat.

Weigert sich der Arbeitgeber, die von dem Hilfsdienstpflichtigen beantragte Bescheinigung auszustellen, so steht diesem die Beschwerde an einen Ausschuß zu, der in der Regel für jeden Bezirk einer Ersatzkommission zu bilden ist und aus einem Beauftragten des Kriegsamts als Vorsitzenden sowie aus je drei Vertretern der Arbeitgeber und der Arbeitnehmer besteht. Je zwei dieser Vertreter sind ständig, die übrigen sind aus der Berufsgruppe zu entnehmen, welcher der beteiligte Hilfsdienstpflichtige angehört. Erkennt der Ausschuß nach Untersuchung des Falles an, daß ein wichtiger Grund für das Ausscheiden vorliegt, so stellt er eine Bescheinigung aus, die in ihrer Wirkung die Bescheinigung des Arbeitgebers ersetzt.

Als wichtiger Grund soll insbesondere eine angemessene Verbesserung der Arbeitsbedingungen im vaterländischen Hilfsdienst gelten.

§ 10.

Die Anweisung für das Verfahren bei den in § 4 Abs. 2, § 7 Abs. 2, § 9 Abs. 2 bezeichneten Ausschüssen erläßt das Kriegsamt.

Für die Berufung der Vertreter der Arbeitgeber und der Arbeitnehmer in die Ausschüsse (§§ 5, 6, § 7 Abs. 2, § 9 Abs. 2) durch das Kriegsamt sind Vorschlagslisten wirtschaftlicher Organisationen der Arbeitgeber und der Arbeitnehmer einzuholen.

Soweit zur Wahrnehmung der Obliegenheiten der in § 9 Abs. 2 bezeichneten Ausschüsse bereits ähnliche Ausschüsse (Kriegsausschüsse usw.) bestehen, können sie mit Zustimmung des Kriegsamts an Stelle jener Ausschüsse treten.

§ 11.

In allen für den vaterländischen Hilfsdienst tätigen Betrieben, für die Titel VII der Gewerbeordnung gilt und in denen in der Regel mindestens fünfzig Arbeiter beschäftigt werden, müssen ständige Arbeiterausschüsse bestehen.

Soweit für solche Betriebe ständige Arbeiterausschüsse nach § 134h der Gewerbeordnung oder nach den Berggesetzen nicht bestehen, sind sie zu errichten. Die Mitglieder dieser Arbeiterausschüsse werden von den volljährigen Arbeitern des Betriebs oder der Betriebsabteilung aus ihrer Mitte in unmittelbarer und geheimer Wahl nach den Grundsätzen der Verhältniswahl gewählt. Das Nähere bestimmt die Landeszentralbehörde.

Nach denselben Grundsätzen und mit den gleichen Befugnissen sind in Betrieben der im Abs. 1 bezeichneten Art mit mehr als fünfzig nach dem Versicherungsgesetze für Angestellte versicherungspflichtigen Angestellten besondere Ausschüsse (Angestelltenausschüsse) für diese Angestellten zu errichten.

§ 12.

Dem Arbeiterausschusse liegt ob, das gute Einvernehmen innerhalb der Arbeiterschaft des Betriebs und zwischen der Arbeiterschaft und dem Arbeitgeber zu fördern. Er hat Anträge, Wünsche und Beschwerden der Arbeiterschaft, die sich auf die Betriebseinrichtungen, die Lohn- und sonstigen Arbeitsverhältnisse des Betriebs und seiner Wohlfahrtseinrichtungen beziehen, zur Kenntnis des Unternehmers zu bringen und sich darüber zu äußern.

Auf Verlangen von mindestens einem Viertel der Mitglieder des Arbeiterausschusses muß eine Sitzung anberaumt und der beantragte Beratungsgegenstand auf die Tagesordnung gesetzt werden.

§ 13.

Kommt in einem Betriebe der im § 11 bezeichneten Art bei Streitigkeiten über die Lohn- oder sonstigen Arbeitsbedingungen eine Einigung zwischen dem Arbeitgeber und dem Arbeiterausschusse nicht zustande, so kann, wenn nicht beide Teile ein Gewerbegericht, ein Berggewerbegericht, ein Einigungsamt einer Innung oder ein Kaufmannsgericht als Einigungsamt anrufen, von jedem Teile der in § 9 Abs. 2 bezeichnete Ausschuß als Schlichtungsstelle angerufen werden. In diesem Falle finden die §§ 66, 68 bis 73 des Gewerbegerichtsgesetzes entsprechende Anwendung mit der Maßgabe, daß ein Schiedsspruch auch dann abzugeben ist, wenn einer der beiden Teile nicht erscheint oder nicht verhandelt, sowie daß Personen, die an der einzelnen Streitsache als Arbeitgeber oder als Mitglied des Arbeiterausschusses beteiligt gewesen sind, bei dem Schiedsspruch nicht mitwirken dürfen.

Besteht in einem für den vaterländischen Hilfsdienst tätigen Betriebe, für den Titel VII der Gewerbeordnung gilt, ein ständiger Arbeiterausschuß weder nach der Gewerbeordnung oder den Berggesetzen noch nach § 11 Abs. 2 oder Abs. 3 dieses Gesetzes, so kann bei Streitigkeiten zwischen der Arbeiterschaft und dem Arbeitgeber über die Lohn- oder sonstigen Arbeitsbedingungen der in § 9 Abs. 2 bezeichnete Ausschuß als Schlichtungsstelle angerufen werden; das gleiche gilt für die landwirtschaftlichen Betriebe. Die Bestimmungen des Abs. 1 Satz 2 gelten entsprechend.

Unterwirft sich der Arbeitgeber dem Schiedsspruch nicht, so ist den beteiligten Arbeitnehmern auf ihr Verlangen die zum Aufgeben der Arbeit berechtigende Bescheinigung (§ 9) zu erteilen. Unterwerfen sich die Arbeitnehmer dem Schiedsspruch nicht, so darf ihnen aus der dem Schiedsspruch zugrunde liegenden Veranlassung die Bescheinigung nicht erteilt werden.

§ 14.

Den im vaterländischen Hilfsdienst beschäftigten Personen darf die Ausübung des ihnen gesetzlich zustehenden Vereins- und Versammlungsrechts nicht beschränkt werden.

§ 15.

Für die industriellen Betriebe der Heeres- und Marineverwaltung sind durch die zuständigen Dienstbehörden Vorschriften im Sinne der §§ 11 bis 13 zu erlassen.

§ 16.

Die auf Grund dieses Gesetzes der Landwirtschaft überwiesenen gewerblichen Arbeiter unterliegen nicht den landesgesetzlichen Bestimmungen über das Gesinde.

§ 17.

Die durch öffentliche Bekanntmachung oder unmittelbare Anfrage des Kriegsamts oder der Ausschüsse erforderten Auskünfte über Beschäftigungs- und Arbeitsfragen sowie über Lohn- und Betriebsverhältnisse sind zu erteilen.

Das Kriegsamt ist befugt, den Betrieb durch einen Beauftragten einsehen zu lassen.

§ 18.

Mit Gefängnis bis zu einem Jahre und mit Geldstrafe bis zu zehntausend Mark oder mit einer dieser Strafen oder mit Haft wird bestraft:

1. wer der auf Grund des § 7 Abs. 3 der angeordneten Überweisung zu einer Beschäftigung nicht nachkommt oder sich ohne dringenden Grund beharrlich weigert, die ihm zugewiesene Arbeit zu verrichten;
2. wer der Vorschrift in § 9 Abs. 1 zuwider einen Arbeiter beschäftigt;
3. wer die im § 17 vorgesehene Auskunft innerhalb der festgesetzten Frist nicht erteilt oder bei der Auskunfterteilung wissentlich unwahre oder unvollständige Angaben macht.

§ 19.

Der Bundesrat erläßt die zur Ausführung dieses Gesetzes erforderlichen Bestimmungen; allgemeine Verordnungen bedürfen der Zustimmung eines vom Reichstag aus seiner Mitte gewählten Ausschusses von fünfzehn Mitgliedern.

Das Kriegsamt ist verpflichtet, den Ausschuß über alle wichtigen Vorgänge auf dem laufenden zu halten, ihm auf Verlangen Auskunft zu geben, seine Vorschläge entgegenzunehmen und vor Erlaß wichtiger Anordnungen allgemeiner Art seine Meinungsäußerung einzuholen.

Der Ausschuß ist zum Zusammentritt während der Unterbrechung der Verhandlungen des Reichstags berechtigt.

Der Bundesrat kann Zuwiderhandlungen gegen die Ausführungsbestimmungen mit Gefängnis bis zu einem Jahre und mit Geldstrafe bis zu zehntausend Mark oder mit eine dieser Strafen oder mit Haft bedrohen.

§ 20.

Das Gesetz tritt mit dem Tage der Verkündung in Kraft. Der Bundesrat bestimmt den Zeitpunkt des Außerkrafttretens; macht er von dieser Befugnis binnen einem Monat nach Friedensschluß mit den europäischen Großmächten keinen Gebrauch, so tritt das Gesetz außer Kraft.

Urkundlich unter Unserer Höchsteigenhändigen Unterschrift und beigedrucktem Kaiserlichen Insiegel.

Gegeben Großes Hauptquartier, den 5. Dezember 1916.

(Siegel)

Wilhelm

von Bethmann Hollweg

GPSR Compliance

The European Union's (EU) General Product Safety Regulation (GPSR) is a set of rules that requires consumer products to be safe and our obligations to ensure this.

If you have any concerns about our products, you can contact us on ProductSafety@springernature.com

In case Publisher is established outside the EU, the EU authorized representative is:

Springer Nature Customer Service Center GmbH
Europaplatz 3
69115 Heidelberg, Germany

Batch number: 10844627

Printed by Printforce, the Netherlands